중세 교회의 **뒷골목 풍경**

일러두기

• 본서에 인용된 성경 구절은 「성경전서 개역재정판」(제4판)을 사용했습니다.
• 본서의 사진은 대부분 저자가 직접 촬영하였으며, 일부 퍼블릭 도메인의 콘텐츠와 공식 사이트에서 관련 자료를 인용하였습니다.
• 회화 도판은 위키미디어 커먼즈 및 각 미술관 사이트에서 내려받아 게재하였습니다.

교회사 뒤에 숨겨진 중세인들의 문화와 삶

중세 교회의 뒷골목 풍경

초판 1쇄 인쇄 2019년 5월 10일
초판 1쇄 발행 2019년 5월 20일

지은이 박양규
펴낸이 장병주
펴낸곳 예책

등록번호 제17-311호
주소 서울시 동작구 노량진로 26길 13-10, 3층
영업부 02-3489-4300
출판부 02-6401-2657
FAX 02-3489-4309
전자우편 jesusbooks@naver.com

ISBN 978-89-98300-18-0 03230

책값은 뒤표지에 있습니다.

인문학으로 성경 읽기 시리즈 ❸

교회사 뒤에 숨겨진
중세인들의 문화와 삶

중세 교회의
뒷골목 풍경

박양규 지음

예책
Jesus'books

추천사

"그 때에 이스라엘에 왕이 없으므로 사람이 각기 자기의 소견에 옳은 대로 행하였더라"사사기 21:25 이 구절은 사사 시대를 관통하는 핵심 구절이다. 이스라엘은 대표적인 신정神政 국가다. 하나님이 왕인 국가에서 '이스라엘에 왕이 없으므로'라는 표현은 그 시대를 고발하는 역설이다. 이스라엘 공동체 속에 왕이신 하나님은 어디 계시는가? 이 질문은 중세에도 그대로 적용된다. 교회가 사회를 지배하던 시기에 하나님이 왕이 아니었던 시간이야말로 중세의 역설적인 시간이다. 이 책이 의미가 있는 것은 중세의 진의眞意를 짚어내면서도 현실에 대한 선명한 적용점을 제시하기 때문이다. 이 책은 '역설적'인 한국 교회를 '직설적'으로 바꿀 수 있는 구체적인 해법을 던져 준다.

송태근 | 삼일교회 담임목사

'과거와 현재 사이의 끊임없는 대화'라는 E. H. 카의 말은 전문적이기 때문에 역사가에게만 국한되는 것이 아니다. 그 말은 역사를 접하는 모든 그리스도인들에게도 해당되는 말이다. 성경과 역사를 통해 끊임없이 현재를 성찰하는 자세, 늘 학생들에게 강조해 온 핵심이다. 이 가르침이 제자의 저서에 면면히 스며들었고, 뿌린 씨앗의 싹을 마주하는 것은 선생으로서 보람이자 기쁨이다.

지난 25년간 중세사를 가르쳐 오면서 마음 한편을 누르는 아픔은 현재에 드리워진 중세의 그늘이다. 독자들에게 생소하겠지만 중세에 첫 개혁의 빛을 밝힌 인물은 페트루스 다미아니Petrus Damiani다. 그는 교회의 타락에 목숨을 걸고 맞섰던 인물이다. 지금 우리 시대에 필요한 것은 그가 남겨 준 거룩한 '저항'이다. 이 책을 통해 '프로테스탄트'의 정신이 독자들에게 전달되기를 기도하는 마음으로 꼭 한 번 읽기를 권한다.

김봉수 | 총신대 역사교육과 교수

내가 사는 서울역 주변만 하더라도 그렇다. 대로변은 어딜 가나 높은 빌딩과 화려한 현대식 건물이 즐비하고, 거기서 드나드는 사람들은 언제나 말쑥하고 생기발랄한 젊은이들이다. 하지만 큰길에서 골목 하나만 들어가도 전혀 다른 풍경이 펼쳐진다. 거기엔 다닥다닥 붙은 쪽방촌이 즐비하고, 외국인 노동자들의 한숨이 그득하다. 무엇이 진짜 이 동네의 얼굴일까? 대로에서만 보면 절대 알 턱이 없다. 한 터럭 골목으로 들어가 거기서 새어 나오는 소리를 들어야 비로소 동네의 모습을 제대로 그릴 수 있다.

역사를 조망하는 법도 동일하다. 그런 면에서 『중세 교회의 뒷골목 풍경』이라는 책 제목은 '신의 한 수'다. 역사의 큰길에서 보면 중세는 재미없고 무미건조한 '암흑기'이지만, 저자는 중세의 뒷골목으로 독자의 손을 잡아챘다. 그리고는 '진짜 이야기는 여기 있다!' 하며 날 것 그대로의 모습 속으로 인도한다. 저자가 독자들을 붙들고 들어간 곳은 옛 주막집 같은 중세 여관 타바드 인Tabard Inn이다. 거기 모인 사람들의 '가공되지 않은 목소리'들은 중세의 굵직한 사건과 교회 그리고 사람들이 그 안에서 어떤 모습으로 살았는지를 드라마틱하게 펼쳐 보여 준다.

중세 수도원의 발흥과 명암, 십자군 전쟁, 마녀재판, 페스트 이야기, 그리고 그것이 어떻게 다음 세대의 발판이 되었는지를 여관 사람들의 거친 입을 통해 쉬운 말로 풀어낼 수 있는 것은 오직 저자만이 할 수 있는 능력이다. 저자의 다른 저술에서도 이런 면모를 보고 깜짝 놀랐던 적이 있다. 즉 저자는 단순한 스토리텔러가 아니다. 이 책을 보면 확인할 수 있는 것이 성실한 학자의 면모다. 엄선된 인용과 성실한 각주는 양서의 미덕이며, 동시에 책에 대한 신뢰성을 높인다.

꼼꼼히 읽고 난 후에 한 명의 등장인물이 아직도 생생히 마음에 남는다. 타바드 인에 모였던 사람 중 가장 남루한 사제다. 책에서는 '그에겐 화려함도 영웅담도 없지만 내면의 당당함이 있었고, 강자에겐 담대하고 약자에겐 겸손했다. 그의 관심은 언제나 그리스도에게 있었다. … 그는 안셀무스와 랭턴 대주교를 만나러 가고 있던 중이었다'라고 묘사한다. 아마도 저자는 중세 역사의 방향과 정신을 이 한 사람으로 요약하는 듯하다. 즉 저자인 자신이 거인의 어깨 위에 올라가 품고 싶어 했던 거인의 심장, 그리고 한국 교회가 지향해야 할 방향을 바로 이 사람을 통해 오롯이 제시하는 듯하다. 이 책은 거인의 어깨 위에 앉아 있는 난쟁이의 가벼운 글이 아니다. 오히려 거인의 눈과 심장으로 중세를 통찰하며 한국 교회를 성찰케 만드는 묵직한 글이다.

최주훈 | 중앙루터교회 담임목사

역사적 배경을 소개하는 책들이 정보 전달에 머무는 경우가 참 많다. 사실, 단순 나열식의 정보를 소개하는 책은 인터넷 시대에 그렇게 큰 도움이 되지 못한다. 지천에 널려 있기 때문이다. 이런 종류의 책들을 넘어 역사적 배경의 근원적인 출발점과 의미를 밝혀 주고, 무엇보다 저자만의 입장과 관점을 소개하는 책들이 필요하다. 드디어 기독교 서적 가운데 그런 책이 등장했다. 이 책은 뜨거운 열정과 부지런한 발로 쓴 것이 분명하다. 내용이 진실로 압권 그 자체이기 때문이다. 몇 장만 읽어 보면 저자가 얼마나 공부하고 연구했는지, 얼마나 큰 정성을 담아 책을 저술했는지 생생히 확인하게 될 것이다.

저자는 중세 역사라는 자료를 통해 우리 시대의 교회와 성숙하고 미래 지향적인 대화를 나누고 있다. 그 모습을 그냥 따라만 가보라. 어느새 중세 역사를 통해 한국 교회가 배워야 할 것이 무엇이며, 우리가 어디로 가야 할지를 자연스레 확인하게 될 것이다. 이 책은 앞으로 등장하게 될 신학과 신앙 분야에서 역사적 배경과 관련한 책들의 이정표가 될 것이라 확신한다. 지갑을 열고 무조건 구입하여 읽을 것을 권한다. 책값의 열 배가 넘는 가치를 확인할 것이다.

김관성 | 행신침례교회 담임목사

지금껏 지켜 본 예책 출판사의 「뒷골목 풍경」 시리즈는 결코 만만치 않다. 그 필진에 꼽히려면 우선 성실하고 치열한 신학자여야만 한다. 신구약의 텍스트를 그 시대의 맥락으로 읽기 위해 역사 속으로 침잠해 들어가는 건 당연. 그 다음으로 시대와 공간을 건너뛰어 우리의 역사, 오늘 우리의 과제와 연결된 깨우침을 제시하는 통찰력도 지녀야 한다. 그런 점에서 전작들에 이어 『중세 교회의 뒷골목 풍경』의 저자로 박양규 목사를 꼽은 건 탁월한 선택이다. 그것이 신학이든 철학 혹은 예술사든 서유럽 중심의 좁고 답답하고 허세 가득한 서술에 질려 버린 나로서는 이 책이 주는 청량함에 정말 홍겨웠다. 유럽의 중세와 세계사의 연속선상에서 동서양이 만나고, 한반도에 근대화의 미명을 불러온 연암 박지원과 중세 교회가 만난다. 제프리 초서의 구수한 해설과 함께, 때로는 움베르토 에코의 시크한 코멘트로 중세를 읽어 나간다. 새롭게 읽는 중세 시대 사람들과 교회의 이야기! 저자의 순후한 내공에 갈채를 보낸다.

변상욱 | 전 CBS 대기자, 현 YTN 뉴스 앵커

신선하다. 작가의 기발한 상상력이 돋보인다. 지루한 연도나 정보 중심의 중세사를 흥미롭게 다뤘다. 문학가들을 통해 중세사를 읽을 수 있다는 창의력에서 저자의 고뇌를 느낄 수 있다. 역사를 접했지만 중세가 우리에게 말을 걸어오는 경험을 했다. 동시에 중세 뒷골목에서 한국 교회의 어두운 현실도 크게 다가온다. 그것이 이 책의 강점이다. 우리가 직면하는 신앙의 문제들도 이런 방식으로 영상 제작을 하고 싶은 충동을 느낀다.

문단열 | 방송인, 사다리필름 대표

기독교 학교에서 세계사를 가르치면서 제대로 가르친다는 것에 대한 목마름이 있었다. 정치적인 사건 위주의 지식 전달보다 그 사건이 현실에서 갖는 의미를 깨닫게 해 주고 싶었다. 저자는 캔터베리 성당으로 성지 순례를 떠나 타바드 인이라는 한 숙소에 모인 다양한 계층의 사람들의 입을 빌어 중세 사회를 조명하고 있다. 각각의 다양한 이유가 있다. 그러나 책을 모두 읽으면 진정한 순례는 성지를 향한 지리적 이동이 아니라 내가 서 있는 위치에서 진리를 향해 이동하는 것임을 깨닫게 된다. 중세 사회가 기독교의 시대였지만 결코 성경적인 사회가 아니었다는 것을 볼 수 있다. 중세 사회가 약자들을 어떻게 대했는지는 '마녀사냥'만 보더라도 당시의 사회적 공감력이 얼마나 약했는지 느낄 수 있다.

"교회는 세상보다 합리적인가? 더 관용이 많은가? 더 민주적인가? 하나님의 형상에 대한 가치가 존중되고 있는가?" 중세를 살피면서 저자가 던진 질문은 오늘날 한국 교회에게, 그리고 교회에 다니는 기독교인들에게 던져진 것이다. 책에서는 비판에만 머물지 않고 대안을 고민한 사례들을 보여 주면서 독자들에게 도전한다.

또한 저자의 중세 이야기에는 다양한 예술 작품과 건축이 어우러져 있다는 것이 강점이다. 책을 곁에 두고 읽는다면 유럽의 역사를 통합적으로 바라보는 안목도 자랄 것이다. 이 책이 주는 메시지는 결코 가볍지 않다. 저자와 함께 중세 교회의 뒷골목을 걷고 중세에 공감하면서 그 시대의 감정, 인격, 눈물을 들어볼 수 있는 참 의미 있는 시간이었다. 서양 중세에 관심 있는 모든 분들에게 이 책을 추천한다.

정승민 | 소명중고등학교 역사 교사

차례

프롤로그

거인들의 어깨 위에서 중세를 보다

루앙 대성당 모네의 「루앙 대성당 연작」으로 유명한 아름다운 성당이지만 역사 속에서는 다양한 얼굴로 비춰졌다. 루앙 대성당은 프랑스에서 가장 높은 성당이지만 '마녀' 잔 다르크에게 문은 단단히 닫혀 있었고, 약자들에게는 문턱이 너무 높았다. 결국 서민들의 재산을 강탈하여 쌓아올린 탑은 종교개혁을 일으키는 계기가 되었다.

'중세'라는 단어가 남긴 단상

인상주의 화가 클로드 모네Claude Monet의 「루앙 대성당 연작Rouen Cathedral series」은 너무도 유명한 그림이다. 그는 루앙 대성당을 관찰하면서 빛이 들어오는 모습에 따라 다르게 변하는 건물의 모습을 그렸다. 루앙 대성당은 모네의 관찰을 예술로 승화시킨 건축물이었고, 그 예술품은 많은 사람들의 가슴에 감동과 편안함을 주었다. 대성당은 프랑스에서 가장 높은 첨탑을 갖고 있다. 그 첨탑 아래에서 19세기 프

「루앙 대성당 연작」 모네는 생의 후반을 보낸 지베르니의 집에서 그리 멀지 않은 거리에 있던 루앙 대성당을 그리기 위해 성당 건너편 건물에 방을 하나 얻었다. 그리고 빛이 주는 효과에 따라 대성당을 주제로 1892년부터 1894년까지 30여 점의 작품을 그렸다. 좌로부터 「루앙 대성당-아침 인상」(1894년. 캔버스에 유화. 106.1x73.9cm. 보스턴 미술관. 보스턴.) 「루앙 대성당-햇빛」(1894년. 캔버스에 유화. 99.7x65.7cm. 메트로폴리탄 미술관. 뉴욕.) 「루앙 대성당-흐린 날씨」(1892년. 캔버스에 유화. 100X65cm. 오르세 미술관. 파리.)이다.

랑스 사회를 적나라하게 써내려 가던 사실주의 작가 플로베르Gustav Flaubert는 그의 손끝에서 『마담 보바리』를 탄생시켰다. 플로베르가 경험했을, 또 그 당시 사람들이 경험했을 '엠마Emma'를 통해 투영하고자 했던 현실은 무엇이었을까?

자신도 의식하지 못한 채 그녀는 교회를 향해 걸었다. 영혼이 그 속으로 빨려 들어가서 삶이 송두리째 그리로 몰입될 수만 있다면 그 어떤 신앙

이라도 바칠 각오가 되어 있었다.[1]

루앙 대성당, 발밑에 걸린 너덜너덜해진 교리 문답서, 사람은 그저 몸 따뜻하고 배부르면 된다고 생각하던 신부…. 그것이 시대의 무게에 눌려 자살로 생을 마감한 엠마를 통해 표현하고자 했던 플로베르의 소설에 묘사된 내용들이다. 그러나 당시 프랑스 사회는 플로베르의 진심을 간과하고 오히려 엠마와 그녀의 정부情夫 레옹이 루앙 대성당에서 만나는 밀회와 마차 안에서의 밀애가 지나치게 선정적이라는 이유로 그를 기소했다. 엠마를 향한 문턱과 편견은 '허용된' 관행이었던 반면, 그녀가 탄 마차는 '허용할 수 없는' 죄악이었을까?

루앙 대성당은 그로부터 400년 전 성녀聖女 잔 다르크Jeanne d'Arc를 소환시킨다. 엠마에게 드리워진 이중 잣대는 잔 다르크에게도 나타나기 때문이다. 잔 다르크는 영국과의 백년 전쟁을 승리로 이끌었음에도 불구하고, 1431년 5월 31일에 마녀가 되어 화형을 당했다. 잔 다르크는 루앙 대성당 앞에서 '허용되지 못한' 여인이었다. 이유는 그녀가 하나님의 계시를 들었고, 그로 인해 신과 인간 사이의 중재자가 되었다는 것. 그것은 성직자들에게만 허용된 전유물이었는데, 그 선을 넘었던 것이다. 또한 하나님이 정하신 성性의 정체성을 어기고 남장을 했다는 것 등이 그녀가 마녀라는 '증거'였다.

잔 다르크와 엠마는 실제 인물이었든 가공이었든 시대를 대표하는 전형적인 약자의 모습이었다. 반대로 약자들 앞에 우뚝 선 루앙 대성당은 그들을 포용하기에는 지나치게 '거룩한' 곳이었다. 그 거룩함으로 약자들의 고혈을 빨아서 '버터 타워'[2]를 쌓아올렸으니 말이다. 인상주의 화가가 붓으로 표현한 작품 속 대성당에는 고색창연한 미美가 깃들어 있겠지만, 그가 본 대성당 자체는 역사 속에서 다양한 얼굴을 가진 메두사였는지도 모른다. 루앙 대성당의 다양한 얼굴은 대중들의 인식 속에서 천의 얼굴을 하고 있는 중세中世의 얼굴을 반영한다. 역사 속에서 중세만큼 이렇게 극명하게 평가가 엇갈리는 시기가 또 있을까? 누군가는 잔 다르크, 아서 왕, 로빈 후드처럼 기사도 정신이 충만한 영웅들이 활약하던 낭만의 시대를 떠올릴 수도 있겠지만, 교회의 지배 아래 흑사병과 십자군 전쟁처럼 핏빛으로 물들었던 '암흑의 시대'이기도 했다.

우리는 중세를 생각할 때 유럽의 역사를 먼저 떠올리게 된다. 중세 암흑의 시기가 찬란한 잉카 문명이나 『아라비안 나이트』를 배제하는 이유다. 이것은 서구 중심의 가치관이 우리에게 스며든 결과이기도 하다. 그러나 타문화권에서 본 서구의 중세는 '금발의 야만족'들이 살던 시대에 불과했다. 이런 까닭에 '암흑의 시기'라는 말이 붙은 것은 르네상스 이후부터다. 금발의 야만족들이 '선진' 세계를 추월하기 시작하면서 서구 사회는 교회의 그늘에서 벗어나기 시작했다. 그리스-로마 문명을 계승하고 재현하려는 르네상스의 인문주의자들은 그들의 '현대'가 교회로부터 눌려 있었던 '과거'와 분리되기를 원했다. 즉 헬레니즘 문명의 계승자로 자처한 서구인들에게 천년의 지난했던 시간은 타자他者들의 시간일 뿐이다. 이렇게 싹튼 중세에 대한 생각은 19세기에 세계를 '정복'한 서구인들의 이성 속에서 결실을 맺었다.[3] 그들의 시선에서 봤을 때 로마 제국의 멸망에서부터 르네상스 시대까지의 천 년은 어정쩡하게 중간에 낀 시대였다. 그 특징 없는 긴 시간을 암흑기暗黑期라는 단어로 파묻고 싶은 욕구에서 '중세'라는 용어가 태어났다.[4]

중세의 기간을 대체로 천 년으로 본다. 주후 476년에 로마 제국이 게르만 용병대장 오도아케르에 의해 멸망당한 때부터 비잔틴 제국동로마 제국이 오스만 제국에 의해 멸망된 1453년까지가 그 시기다.[5] 이처럼 천 년의 유구한 시절이 '중세 시대'라는 카테고리로 같은 시기에 포함된다면 도대체 어느 시점이 중세의 대표라고 할 수 있겠는가?[6] 중세의 시작을 476년으로 잡았을 때 '그the 로마'가 멸망한 시점이며, 마지막은 1453년의 비잔틴 제국이 멸망한 때다. 상식적으로 생각해 보자. 그 로마는 주후 330년에 수도를 콘스탄티노플이스탄불로 옮겼다. 그때부터 로마의 수도는 콘스탄티노플이었고, 476년에 오도아케르는 제국의 한 부분을 점령한 것에 불과했다. 따라서 1453년까지 이어진 콘스탄티노플은 '당연히' 로마 제국의 수도다. 그러나 서구는 '번거로운, 구태의연한, 하찮은'의 뜻을 가진 '비잔틴Byzantine'이라는 용어를 콘스탄티노플에게 씌우고, 로마를 중심으로 한 프랑크 왕국의 영토를 '신성 로마 제국'이라고 부르면서 '그 로마'의 월계관을 자신들의 머리 위에 씌웠다. 결국 우리에게 스며든 역사적 상식은 서구인의 오만함으로부터 세뇌된 의식의 조각들의 집합체다. 그 천 년의 기간 동안에는 암흑기만 있었던 것이 아니라 역동하고 성장하고 스스로를 개혁하던 시기도 분명히 있었는데 말이다.

독자들과 함께 이 책에서 생각해 보고자 하는 중세는 분명한 지향점을 갖고 있다. 역사학자 에드워드 카Edward Carr의 "역사란 과거와 현재 사이의 끊임없는 대화다"라는 표현처럼 현실과의 '연속성'이 그것이다. 이 책이 단순히 중세 역사에 대한 정보를 빼곡하게 전달하려는 목적이었다면 착수하지도 않았을 것이고, 할 수도 없었다. 그보다 그 시대를 현재에서 바라보고 연속성을 고민했던 '거인'들의 생각을 엿보면서 우리와의 대화를 끊임없이 시도했다. 그런 면에서 이 책은 거인들의 어깨 위에서 쓰인 중세 이야기다. 만일 이 책이 사실fact의 나열이었다면 중세사는 감정과 도덕, 인격을 상실한 채 사건event만 언급했을 뿐이다. 하지만 우리는 거인들이 보고 느꼈던 중세를 함께 공감하면서 그 시대의 감정, 인격, 눈물을 현재와 나누려고 한다. 통치자들이나 영웅들이 아닌 그 시대를 살아가던 우리와 같은 처지의 중세인들과 대화를 나누는 것이 이 책의 목표다.

중세와 한국 교회

앞서 언급한 서구 중심의 우월주의 시각은 그리 새삼스럽지 않다. 그저 우리에게 각인된 상식의 조각들이다. 새삼스럽지 않다는 것은 그렇게 각인되었다는 뜻도 있겠지만, 마치 신문 속에 슬며시 끼워진 전단지처럼 그 속에 삽입된 또 다른 것이 있기 때문이다. 바로 서구로부터 전달 받은 기독교가 그렇다. 절묘하게도 서구인들이 쓰는 표현과 한국 교회에서 쓰는 '암흑'이라는 단어는 닮아 있다. 한국 교회의 테두리 안에서 '암흑'이 의미하는 바는 뻔하다. 기독교와 무관한 사람이나 국가를 말할 때 이 단어를 쓴다. 암흑 속에 있는 사람을 밝히는 것이 전도이며, 국가를 밝히는 것이 선교다. 이것은 사회와 시대를 향한 교회의 설립 목적인 교회론敎會論의 핵심이다.[7] 그런데 중세 시대에 비기독교인을 향해 '이교도'라고 불렀듯이 지금도 소위 불신자들은 이교도들이며, 수단과 방법을 가리지 않고 '구원'시켜야 할 대상으로 여긴다. 문제는 이교도들에게 인격과 감정 따위는 없다는 '오만한' 인식이다. 그저 암흑 속에 사로잡혀서 구원 받아야 할 비인격적인 대상들이다. 그래서 '암흑'이라는 단어를 두고 중세와 한국 교회를 관통하는 쓰임새는 너무도 닮아 있다. 선진국과 후진국을 대하는 태도와 신성 로마 제국과 비잔틴 제국이라는 용어를 사용하는 태도는 대동소이하다.

한 걸음 더 들어가 보자. 중세 암흑기는 중세인들의 무지에서 비롯되었다기보다 현실적 필요로 덧씌워진 용어다. 상대적으로 찬란함을 입증하기 위해 근대가 중세를 '암흑기'로 규정했듯이 기독교가 사용하는 용례도 그렇다. 중세를 악惡으로 규정하고 암흑으로 밀어 넣으면 넣을수록 종교개혁자들은 '구원자'가 된다. 최근 종교개혁 500주년을 경험하면서 루터와 칼뱅 같은 종교개혁자들은 한국에서는 이미 '사도들'의 반열에 올랐다. 설교 시간에 '루터 가라사대' '칼뱅께서는'을 읊조리는 것은 이미 우리 귀에 익숙하다. 루터나 칼뱅도 우리와 성정性情이 같은 인간인지라 역사적으로 공과功過가 있을 테지만, 종교개혁을 거치면서 그들은 사도 바울이나 요한과 맞먹는 권위를 설교에 뒷받침해 준다. 그렇게 인용된 이유가 설교자들이 그들을 존경하기 때문이라면 지나치게 순진한 발상이다.

근대가 중세를 깎아내려야 하는 것처럼 가톨릭으로 대변되는 중세를 암흑으로 밀어 넣어야 비로소 자신들이 종교개혁자들의 후예라는 자화자찬이 논리적으로 성립되기 때문이다. 이것은 스스로의 정체성과 정통성을 선전하는 지배 이념에 불과하다. 이런 용례에서 볼 때 설교 시간에 인용되는 중세 로마 가톨릭은 과연 현재 하나의 종파로서의 천주교를 의미하는 것일까? 오히려 스스로가 주류主流임을 강조하기 위해 동원된 무형의 실체이며, 이데올로기 속에 등장하는 '악역'이었다. 한국 교회가 스스로의 우월성을 드러내기 위해 깎아내리는 대상은 두 가지로 압축된다. 중세 교회와 현대 서구 교회다. 그렇지만 성직자의 수준, 교회의 윤리성, 복음의 본질 등을 놓고 볼 때 정말 그 둘보다 우월할까?

중세를 살아가던 중세인들은 정작 그 시대를 어떻게 인식했을까? 이런 시도는 흔치 않았다. 종전의 중세사는 통치자 중심의 사건 나열이었기 때문이다. 중세인들은 그저 흑사병의 피해자, 십자군 전쟁의 참가자로 표시되는 '숫자'일 뿐이었다. 세상이 갈수록 악해진다는 표현을 쓴다. 중세에 비해 지금이 훨씬 더 악한 시기일까? 중세나 지금이나 여전히 갑甲의 횡포가 있고, 을乙의 눈물이 있다. 그때에도 금수저들은 부를 대물림했고, 성직자들은 기득권을 세습했다. 흙수저들에게 봉건 사회는 신분 상승을 가로막는 절벽이었다. 그들의 눈에 그 시대가 중세인지 근대인지에 대한 관심 따위는 없었고, 그저 하루하루 생존을 위해 버텨 나가야 할 '현재'만 있을 뿐이었다. 중세인들은 유아 세례부터 장례에 이르기까지 교회에 종속되어 있었다. 교회는 중세인들을 요람에서 무덤까지 간섭하는 지배자였다. 꼬박꼬박 십일조를 바쳐야 했고, 주일성수를 하지 않을 경우 파문이라는 저주가 기다리고 있었다.[8] 봉건 사회와 흑사병, 기근과 전쟁은 그들에게 '헬중세'가 아니었을까? 마녀사냥과 파문은 '가나안 성도'[9]들을 교회의 권위 아래 복종시키기에 너무도 스마트한 장치였다! 이런 시간의 굴레 속에 등장한 종교개혁자들은 시대의 '산물'이었지, 선지자의 '도래'는 아니었다.

사건 중심의 중세사가 아니라 을의 입장으로 보는 중세야말로 우리가 공감하고 대화를 나눌 수 있는 역사다. 중세인이나 현대인들에게 암흑기란 중세의 천 년이 아니다. 불확실한 내일을 위해 오늘도 하루하루 힘겹게 살아가는 사람들의 내일이 암흑기일 것이다. 누군가 요람에서 무덤까지 암흑 속에서 '가나안'을 꿈꾼다면, 중세에 악역을 맡았던 '로마 가톨릭'의 역할을 현대에는 누가 맡고 있는지 비로소 분명해진다.

연암이 준 중세의 영감

이 책을 통해 독자와 소통하고자 하는 것은 감정, 도덕, 인격을 통한 중세인들과의 대화와 성찰이다. 우리처럼 하루하루 살아야 했던 이름 모를 중세인들의 현실이 그것이다. 그들의 현실을 사건의 나열과 숫자놀음으로 표현한다는 것은 그들의 인격과 감정을 박탈하는 것이다. 그래서 그 시대와 대화를 나눈 거인들의 작품들을 통해 중세의 현실을 느끼고자 한다.

거인들의 어깨 위에서 중세를 조망할 수 있도록 영감을 준 인물은, 의외일 수 있겠지만 연암燕巖 박지원이다. 연암의 대표적인 작품은 『열하일기熱河日記』다. 조선 후기를 대표하는 문필가로서 평생 비주류의 길을 '선택'했다. 그 선택의 결과는 정적政敵들을 피해 은신처를 찾아 다녀야만 하는 피곤한 삶이었다. 즉 은신처였던 연암골에서 그의 호가 생겨났다. 그러고 보면 연암은 그 선택을 자랑스러워했음이 분명하다. 빈곤한 성장기, 그로 인해 스무 살 남짓에 얻은 우울증은 평생 그의 삶에 그늘을 드리웠다. 마음의 병으로 인해 뜬눈으로 사나흘 밤을 지새우는 건 예사였다. 인생의 고통을 극복하기 위해 연암이 시선을 두었던 곳은 재물, 권력, 인맥이 아닌 갑남을녀甲男乙女의 일상이 서린 청계천의 수표교였다.

그곳에서 만난 사람들은 연암에게 있어 비인격적인 '대중'이 아니라 눈물을 머금은 개개인의 인격체였다. 그 뒷골목의 경험이야말로 연암으로 하여금 마음의 병을 버틸 수 있게 해 준 힘이자 동시에 손끝을 통해 세상에 태어난 작품들의 동력이었다. 『양반전』 『예덕선생전』 『광문자전』 등은 아웃사이더가 세상을 향해 던지는 시대정신이었다. 연암의 마음의 병, 우울증은 시대정신을 우리에게 공감시켜 준

매개체였으니, 연암에게는 송구하지만 그의 병이 우리들에게는 보화 같은 작품들을 접할 수 있게 해 준 '축복'이 되었다. 동시에 필자에게는 연암을 통해 중세를 재발견할 수 있는 '영감'이 되었다.

연암은 1780년에 청나라 건륭황제乾隆皇帝의 생일을 축하하기 위해 파견된 조선 사신단에 포함되었다. 사신으로 다녀와서 쓴 기록이 바로 『열하일기』다. 『열하일기』를 위해 붓을 들었던 때의 연암은 그의 어깨 위에서 중세를 보려는 필자와 동갑이었다! 『열하일기』의 공간적 배경은 청나라였지만, 연암의 의식은 역사를 거슬러 우리 민족에게로 올라간다. 열하로 가는 여정에서 한순간도 마음에서 잊지 않은 것이 조선의 민초들이었다. 『열하일기』가 특별한 이유는 단지 열하熱河–청나라 황제의 여름 별장이 있었던 청더承德의 옛 이름–라는 지역을 다녀온 기행문이기 때문이 아니라 조선 사회의 현실을 평가할 수 있기 때문이다. 그런 까닭에 『열하일기』를 통한 연암의 진정한 가치는 재미와 해학 정도가 아니라 현실에 대한 준엄한 풍자와 통찰력이다. 이것이 연암이 준 영감이다.

독자들과 함께 중세 교회의 뒷골목을 거닐고자 한다. 그러나 이 책은 중세에 대한 역사서도, 기행문도 아니다. 중세를 살아가는 사람들과의 대화를 통해 우리의 현실을 바라보려는 에세이에 가깝다. 연암의 서술 방식에서 착안하여 제프리 초서Geoffrey Chaucer의 『캔터베리 이야기*Tales of Canterbury*』처럼 이야기의 틀을 구성했다. 원래 『캔터베리 이야기』는 29명의 인물들이 각각 하나씩 이야기보따리를 풀어내는 옴니버스 형식의 액자 소설 모음이라 할 수 있다. 또한 『캔터베리 이야기』는 중세 영어의 변화와 용례를 보여주는 중요한 연구 자료다. 하지만 초서의 진정한 가치는 그의 작품이 14세기 영국 사회를 통찰할 수 있게 해 준다는 것이다.

이 책은 『캔터베리 이야기』처럼 등장인물들의 입을 빌어 이야기를 전개하고자 한다. 그러면서도 결코 놓쳐서는 안 되는 것이 중세인들과의 대화이며, 그 시대와 대화했던 거인들의 평가다. 정확한 연도와 복잡한 통계, 얽혀 있는 족보는 중요한 게 아니다. 중세와의 대화가 우리의 거울이 된다면, 반드시 그 속에서 우리의 얼룩을 제거할 수 있는 해답도 얻게 될 것이다. 그것이 중요하다. 중세의 '악역'을 타자화해서 현실을 구원할 영웅들을 기대하지는 않을 것이다. 그 속에 우리의 자화상이 담겨 있다면 우리 스스로 벗어날 길을 발견하면 된다. 우리는 중세 교회의 뒷골목에서 중세와 교감을 나누고자 한다. 다음은 연암이 제시한 조선 후기의 사대부들에 대한 풍자다. 연암이 본 '선비'와 제프리 초서가 본 '성직자'는 아주 닮아 있다. 그렇게 연암은 중세사에 영감의 빛을 제공했다.

수표교 연암 박지원이 우울증을 앓던 시절 자주 거닐던 수표교다. 옛 다리는 옮겨졌으나 연암은 바로 이곳에서 만난 사람들을 보면서 작품의 영감을 얻었다.

대체 제 것 아닌 것을 취함을 '도盜'라 하고, 남을 못살게 굴고 그 생명을 빼앗는 것을 '적賊'이라 한다. 네놈들은 밤낮을 가리지 않고 쏘다니며, 황황히 팔을 걷어붙이며 눈깔을 부릅뜨고 함부로 남의 것을 착취하고, 훔쳐도 부끄러운 줄을 모르지. 심지어는 돈을 '형'이라 부르지 않나, '장수가 되기 위해 아내를 죽이는 일'까지도 있지 않나.

(중략)

뿐만 아니라 메뚜기에게서는 식량을 가로채 먹고, 누에로부터는 그 옷을 빼앗아 입고, 벌을 가두어 그 꿀을 긁어 먹고… 아! 심지어는 개미 알로 젓갈을 담가서 제 조상에게 제사 지낸다고 하니 그 잔인하고 박정한 행실이 너희보다 심한 것이 어디 있느냐? 너희는 말만 했다 하면 '이치'를 논하고 '성품'의 움직임이 어떻고 하면서 번번이 하늘을 일컫더구나….[10]

그러던 어느 날이었습니다. 이날도 탁발 수사성직자는 평소와 다름없이 교회에서 열심히 설교를 했지요. 특히 사람들에게 죽은 자를 위해 연도미사[11]를 드리라고 역설했습니다. 또 쓸데없는 일에 돈을 낭비하거나 돈이 부족하지 않은 교구 신부들에게 돈을 주는 대신, 하나님의 영광을 기릴 수 있고 성사聖事를 치를 수 있는 성전을 건립하는 데 헌금을 많이 하라고 했습니다. 그들은 펜으로 헌금하는 사람들의 이름을 적었는데, 이것은 마치 그들을 위해 기도를 드려 줄 것처럼 보이기 위한 행동이었습니다. 그렇게 사람들의 헌금을 받으면서 그들을 위해 기도를 드려 줄 것처럼 행동합니다. 그런데 성도들의 집을 나서는 순간 헌납판에 적어 넣은 이름들을 모두 지워 버렸습니다.[12]

1장

제프리 초서와 『캔터베리 이야기』

연도	중세 교회사	세계사
313년	「밀라노 칙령」 선포(기독교 공인)	고구려의 낙랑군 축출
330년	콘스탄티노플로 수도 천도(로마 제국의 수도 변경)	고구려 미천왕의 사망
476년	서로마 제국의 멸망(오도아케르의 침공)	비잔틴 제국의 제노가 황제 자리를 수복
800년	샤를마뉴의 대관식	신라 39대 소성왕의 사망
1066년	윌리엄 1세의 잉글랜드 점령과 노르만 왕조의 시작	그라나다에서 무슬림에 의한 유대인 학살
1077년	카노사의 굴욕 사건	셀주크튀르크의 니케아 점령
1086년	윌리엄 1세가 지시한 「둠즈데이 북」 완료	158대 교황 빅토르 3세의 즉위
1154년	플랜태저넷 가문의 헨리 2세 즉위	169대 교황 하드리아누스 4세의 즉위
1162년	헨리 2세가 토머스 베켓을 캔터베리 대주교로 임명	칭기즈 칸의 출생
1164년	「클래런던 헌장」의 발표	토머스 베켓이 프랑스로 추방
1170년	토머스 베켓의 순교	고려의 무신 정변
1173년	교황에 의해 토머스 베켓을 성인으로 시성	헨리 2세의 부인과 세 아들의 반란
1307년	타바드 인의 건립	에드워드 2세가 잉글랜드 왕으로 즉위
1387년	제프리 초서의 『캔터베리 이야기』 출간	헝가리 룩셈부르크 왕조의 시작
1400년	제프리 초서의 사망	이방원이 조선 3대 태종으로 즉위
1453년	동로마 제국의 멸망(오스만 튀르크의 침공)	백년 전쟁의 종결
1534년	헨리 8세의 「수장령」 발표	로욜라와 하비에르의 예수회 설립

「캔터베리로 가는 순례자들(pilgrims on the road to Canterbury)」 제라드 호렌바우트(Gerard Horenbout) 귀속. 1516-1523년. 『테베의 공성전(*Siege of Thebes*)』 서문 도입부의 삽화. 영국국립도서관. 런던.

이 시대는 과거 어느 때보다 죄악이 만연하고 있다. 죄악과 지혜는 공존할 수 없다. 세상에서 벌어지는 일들을 자세히 관찰하고, 어디를 가든지 그곳의 상황을 열심히 연구한다면 엄청난 부패를 발견하게 될 것이다. 무엇보다 먼저 지배층의 부패가 눈에 띌 것이다. 음행이 궁정 전체를 더럽히고 탐욕은 모든 것을 지배하고 있다. 지배층이 이러하니 그 수하들은 어떻겠는가? 고위 성직자들을 보자. 그들은 돈을 긁어모으는 데 눈이 어두워 영혼 구원은 소홀히 하고 있다.

종교계를 생각해 보자. 어느 한 군데도 나의 주장에서 벗어날 수 없다. 종교계가 하나같이 본연의 자세에서 벗어나 얼마나 타락하였는가를 보

라. 새로운 성직자들도 처음 가지고 있던 위엄이 몹시 손상된 상태다. 모든 성직자들이 자만심과 음란함 그리고 탐욕에 사로잡혀 있다. 파리에서도, 옥스퍼드에서도 성직자들이 벌이는 싸움과 말다툼을 비롯한 갖은 악행 때문에 평신도들은 분노하고 있다. 욕망을 채울 수 있는 일이라면 무슨 일을 하든, 혹은 어떻게 하든 신경 쓰는 사람이 아무도 없다.

로저 베이컨[13]

제프리 초서와 캔터베리 순례자들

제프리 초서는 1387년에 『캔터베리 이야기』를 발행했다. 그가 경험했던 런던과 템즈 강, 예배에 참석했던 서더크 대성당Southwark Cathedral 주변은 낭만적인 장소가 아니었다. 로저 베이컨*Roger Bacon*이 개탄했던 것처럼 우울함과 불결함으로 넘쳐나던 시대였다. 물론 우중충한 날씨와 잿빛 하늘은 지금도 여전하다! 하지만 곳곳에 가득한 악취와 해충들은 '낭만' '기사도' '궁정 사랑'과 같은 단어가 이상에서만 존재한다고 믿게 만들었다.

집안에는 화장실이 없었다. 사람들은 요강을 창문 밖으로 쏟아냈다. 3~4층 높이에 사는 사람들이 창문에서 요강을 비워낼 때면 아래에 있던 사람들은 "조심하슈"라고 소리치면 그만이었다. 19세기에 런던 시내에만 5만 마리의 말이 다녔다는 기록이 있는데, 14세기 런던에도 말은 수없이 많았을 것이다. 3만 마리의 말이 런던 시내를 다닌다고 해 보자. 매일 3만 덩어리의 배설물과 3만 리터의 오줌이 런

서더크 대성당 제프리 초서가 출석한 교회로 알려진 서더크 대성당. 가까운 곳에 『캔터베리 이야기』의 배경이 된 여관 타바드 인의 옛터가 있다.

던 바닥에 쌓였을 것이다. 구령의 열정으로 똘똘 뭉쳤던 18세기 순회전도자 존 웨슬리는 복음에 반대하는 사람들의 집단 구타, 항해의 위험, 피곤함, 굶주림 등의 어려움은 견딜 수 있었지만, 악취와 불결함은 견디기 힘든 고역이었다고 고백한다.[14] 15세기에 태어난 에라스무스Desiderius Erasmus도 파리에서 유학할 때 밤마다 기숙사에서 옷가지에서 날뛰는 이lice를 잡는 게 일상이었다. 그러니 14세기 영국인들의 일상이 어땠을지를 상상하는 것은 그리 어렵지 않다. 어디서 들었는지 모르지만, 목욕을 하는 것은 영혼을 해롭게 하는 행위라는 생각 때문에 경건치 못한 행위로 간주되었고, 목욕은 연중행사나 다름없었다.

1383년 무렵, 제프리 초서와 전국에서 온 스물아홉 명의 사람들은 서더크 대성당 부근 타바드 인[15]에서 함께 머물게 되었다. 그 날에 있었던 일을 초서는 이렇게 기록하고 있다.

> 특히 영국에서는
> 온 나라 방방곡곡에서 캔터베리 대성당으로,
> 그 옛날 그들이 병들어 고생할 때 치료해 준
> 거룩하고 복된 순교자에게 참배하고자 길을 나선다.
> 이 계절의 어느 날,
> 나는 경건한 마음으로 캔터베리를 순례하고자
> 서더크에 있는 타바드 인에 묵고 있었다.
> 어둠이 깔릴 무렵 스물아홉 명의 여러 계층이
> 우연히 만나 여관으로 몰려 들어왔다.
> 그들 모두 참배를 하기 위해 캔터베리로 가고 있었다.[16]

타바드 인 명판 현재 서더크 대성당 인근 버로우 거리의 동쪽에는 1307년에 세워진 여관인 타바드 인을 기념하는 명판이 붙어 있다. 타바드 인은 한 자리에서 566년간 운영되다가 1873년에 영업을 중단하고 철거되었다.

타바드 인에는 사회 각계각층의 사람들이 몰려 들었다. 법률가, 기사, 수도사, 성직자, 의사, 장원의 영주, 방앗간 주인 등 다양했다. 이곳에 모인 목적은 동일했다. 캔터베리 대성당으로 순례를 떠나기 위함이다. 1383년에 이곳에 모인 이들은 약 200년 전인 1173년에 교황 알렉산데르 3세에 의해 시성된 성인 토머스 베켓Thomas Becket의 무덤을 향해 참배하러 가는 것이다. 교회의 가르침이었으므로 순종, 아니 경건한 마음으로 복종하기 위함이다. 상상력을 더하자면, 타바드 인에 모였던 사람들은 순례자들이었지만 엄청난 악취로 진동했을 것이다. 전형적인 중세의 사람들이었으니 말이다. 그들의 참배 대상인 '성인' 토머스 베켓조차 예외는 아니었다. 『앵글로색슨 연대기*Anglo-Saxon Chronicle*』에서도 기록을 찾아볼 수 있다.

> 살해당한 캔터베리의 대주교 토머스 베켓은 죽은 후에도 고통을 당했다. 그의 몸이 눕혀졌고, 시신이 싸늘하게 되자 그의 옷에서 이lice들이 탈출하기 시작했다. 끓는 가마솥에서 뜨거운 물이 넘쳐나듯 해충들이 우글우글 기어나오는데, 그 모습을 보면서 순례자들이 고인을 애도하다가 웃기를 반복했다.[17]

이것이 '거룩한' 순례자들의 가감 없는 현실이다. 유럽 곳곳의 교회에서는 성물聖物을 보유하고 있으니 참배하러 오라며 순례자들을 부른다. 성물을 참배하면 연옥에서의 기간을 단축시켜 준다고 교회가 가르쳤기 때문이다. 사람들은 로마로, 스페인의 산티아고 데 콤포스텔라로, 독일의 쾰른[18]으로 순례를 떠났다. 로마에서는 베드로를 결박했던 쇠사슬, 최후의 만찬 테이블, 예수님을 찔렀던 창, 세례 요한의 치아를 보관하고 있다. 어떤 곳에서는 베들레헴 마구간의 구유 조각, 마리아의 남편인 요셉의 약혼반지가 있다고 한다. 여기에 질 새라 여리고 성의 흙과 소돔에서 발견된 목탄이 있다고도 한다. 교회들이 앞다투어 성물을 선전하면서 순례자들을 유치하는 이유는 무엇일까? 그들은 성물을 '발견'한 것일까, 아니면 '발명'한 것일까?

> 점잖은 면죄부 판매자가 말을 타고 있었다. 그는 로마 교황청에서 곧바로 이곳으로 왔다. 그는 조약돌이 잔뜩 박힌 청동 십자가를 가지고 있었으며, 돼지 뼈다귀가 들어 있는 유리 상자도 지니고 있었다. 하지만 가난한 시골 사제를 만나면 이러한 유물들을 가지고 사제가 두 달 동안 번 것보다 훨씬 많은 돈을 단 하루 만에 벌어들였다.[19]

이것이 초서가 본 성물과 순례에 대한 시대적 인식이었다. 어쩌면 이런 믿음은 교회의 잘못된 가르침, 그리고 사람들의 무지가 어우러진 결과일지도 모른다. 이들에게 정말 필요한 것은 상식적인 사고가 아닐까? 그래서 움베르토 에코는 아래와 같이 기록하고 있다.

> 상자 속에 든 성물을 보고 너무 기죽지 마라. 나는 다른 교회나 수도원에서도 거룩한 십자가 조각을 많이 보았다. 모두가 진짜라면 우리 주님은 널빤지 두 개를 걸쳐 만든 십자가 위에서 돌아가신 게 아니라 아주 널찍한 숲속

토머스 베켓의 무덤 캔터베리 대성당 내부에는 성인으로 시성된 토머스 베켓이 살해된 장소를 기념하고 있다. 이곳이 수많은 영국 사람들이 순례를 온 목적지였다.

에서 돌아가신 모양이다. 내가 어느 해 쾰른 성당에서 세례 요한의 두개골을 보았는데, 기가 막혀서…! 열두어 살 먹은 아이의 두개골이더구나.[20]

어쨌거나 이들이 순례하는 이유는 단 하나다. 영혼의 보속補贖, 즉 죄의 감면을 받기 위해서다. 다시 말해 구원을 얻기 위해서 떠나는 것이다. 영국 사람들로서는 스페인이나 로마까지 갈 것 없이 캔터베리로 가면 된다. 성인 토머스 베켓이 이탈리아가 아니라 캔터베리에서 죽어 주셔서 영국인들에게는 감사할 따름이다. 구원의 확신을 위해 떠나는 순례였지만, 캔터베리까지는 런던에서도 꽤 멀었다. 『올리버 트위스트』에서 꼬마 올리버가 무작정 도망쳐서 런던까지 7일간 녹초가 되도록 걸었던 딱 그만큼의 거리, 110킬로미터였다.[21]

그렇다면 토머스 베켓은 왜 순교를 당했을까? 영국 왕 헨리 2세가 토머스 베켓을 살해한 이유는 무엇이었을까? 1170년에는 어떤 일이, 왜 일어났을까?

캔터베리에서 벌어진 사건

영국 왕 헨리 2세와 영국 교회의 수장이자 캔터베리 대주교인 토머스 베켓의 갈등은 개인과 개인의 갈등이 아닌 정치와 종교의 대립이었다. 정치와 종교의 결탁과 대립은 주후 800년 샤를마뉴Charlemagne가 교황의 권위를 이용해 황제에 오른 것을 시작으로 1077년 카노사의 굴욕 사건으로 절정에 달했다. 이 사건을 설명하기 위해서는 로마 시대까지 거슬러 올라가야 하므로 다음 장에서 자세히 언급할 예정이다.

그렇지만 1170년 토머스 베켓의 살해를 이해하기 위해서는 적어도 100년 전에 있었던 영국 역사를 살펴야 한다. 영국, 엄밀히 말해 잉글랜드는 1066년에 바이킹의 침공을 받았다. 잉글랜드를 침공한 인물은 바이킹의 핏줄을 이어받아 프랑스의 노르망디와 그 주변까지 다스리던 노르만 혈통의 정복왕 윌리엄 1세였다. 윌리엄 왕은 1066년 잉글랜드를 침공해 헤이스팅스 전투에서 헤롤드 2세를 죽였

캔터베리 대성당 『캔터베리 이야기』의 목적지였던 캔터베리 대성당의 모습이다. 우리나라의 명동성당에 비견되는 이 대성당은 중세 영국의 종교적 중심지였다.

고, 이때부터 잉글랜드에는 노르만 왕조가 시작되었다. 기존 잉글랜드의 귀족들은 토착 세력이었던 반면, 왕조만 노르만 혈통으로 바뀐 것이다. 중세는 봉건 사회로 구성되었으므로 왕과 귀족들은 보호와 충성이라는 일종의 계약 관계로 얽혀져 있다. 노르만 혈통의 왕이 들어오자 잉글랜드 귀족들은 봉건 관계에서 실익을 놓고 계산기를 두드리기에 바빴다. 윌리엄 1세는 귀족 세력들을 누르고 세금을 징수하여 강력한 왕권을 구축하고자 했던 반면, 귀족들은 연대해서 맞설 것인가, 왕에게 굴복할 것인가를 선택해야 했다.

왕은 잉글랜드에서 세금을 징수할 목적으로 토지와 경제 실태를 조사하기 위해 「둠즈데이 북」이라는 토지대장을 작성했다.[22] 그와 동시에 윌리엄 왕이 주목한 곳은 바로 갈등의 무풍지대였던 교회였다. 교회와 수도원은 이미 상당한 토지를 소유한 대지주였지만, 그들은 왕이 아닌 교황의 지배를 받고 있었다. 따라서 교회와 수도원은 법률의 적용에 있어서도 치외법권을 누렸고, 세금까지 면제되었다. 이것이 왕과 영국 교회에게 남겨진 갈등의 서막이었다.

노르만 혈통의 플랜태저넷 가문House of Plantagenet에서 헨리 2세가 1154년에 왕위에 올랐을 때 왕권 강화는 더욱 절실했다.[23] 프랑스 앙주 백작의 아들로서 영어가 서툴고 영국 문화도 낯설었던 헨리 2세에게는 강력한 왕권이 필요했다. 헨리 2세가 즉위할 때부터 대법관 자리에서 보좌했던 토머스 베켓은 그의 충직한 오른팔이었다. 하지만 1162년 헨리 2세가 그를 캔터베리 대주교로 임명한 이후부터는 상황이 달라지기 시작했다. 대법관은 왕의 직속 고위직으로 함께 국정을 논하는 자리였지만, 대주교는 교회의 수장으로서 교황의 관할을 받는 자리였다. 당연히 대법관과 대주교는 전혀 다른 행동을 할 수밖에 없는 지위였다.

그럼에도 불구하고 헨리 2세는 토머스 베켓을 여전히 대법관으로 간주했던 것일까? 그가 1164년에 발표한 「클래런던 헌장Constitution of Clarendon」 16개 조항 중 교회를 굴복시키기 위해 채택된 몇 가지 조항이 눈에 띈다.

> **제3조** : 중대한 범죄를 지어 기소된 성직자는 일반 법정에 출두하여 증언해야 한다. 법정은 심문 장소를 결정한다. 성직자가 종교 법정에서 유죄로 판명된다면 그 성직자는 성직자로서의 권리를 주장할 수 없다. 그는 성직에서 면직되어 체포되고 일반 법정에서 처벌을 받는다.
>
> **제7조** : 영주나 귀족들은 국왕의 동의가 없으면 파문될 수 없다.
>
> **제11조** : 왕의 관할 내 토지를 소유한 모든 성직자는 마땅히 봉건 의무를 다해야 한다.

「클래런던 헌장」에는 성직자들을 포함한 영국의 교회 위에서 군림하려는 왕의 의도가 반영되었다. 그러나 공과 사를 명확히 구분해야 하는 대주교의 자리라면 중립적 위치에서 직분을 감당해야 했다. 그는 교회의 대리인이자 대표이기도 하지만, 교회에도 교회법이 있고 질서와 관행이 있기 때문이다. 종전까지는 성직자가 죄를 저지르면 교회법에 따라 심판을 받았는데, 「클래런던 헌장」은 성직자가 파면된 후 다시 세속 법정에 서야 한다고 했다. 성직자들에게 이것은 일사부재리一事不再理 원칙에 위배된다. 이 조항은 대주교의 관점에서 교회가 세속권 아래 종속되는 조항이므로 「클래런던 헌장」을 받아들일 수도, 서명할 수도 없었다. 심지어 성직자를 임명하는 주체가 교회가 아닌 왕이라면 교회가 세속화되는 것은 시간문제일 뿐이었다. 또 봉건 사회의 관점에서 볼 때에도 교회가 국가에 세금을 바친다면 국가는 교회의 주主가 되는 것이다.

같은 사안을 반대편인 노르만 혈통을 가진 왕의 입장에서 생각해 보자. 교회는 왕권 강화에 있어서 커다란 걸림돌이었다. 성직자들은 이미 대지주로서 귀족화되었고, 기득권을 유지하기 위해 성직 매매와 세습을 공공연히 하고 있었다. 더군다나 봉건 제도에서 주군과 가신의 관계는 세습되지 않고 후대에는 매번 갱신을 해야 하지만, 성직자의 '금지된 결혼'은 토지와 권력의 세습으로 이어져 금수저를 재생산할 뿐이었다. 뿐만 아니라 성직자들의 범죄에는 왕권이 개입할 수 없었고, 교회 내에서 치리가 이루어진다 해도 일반 범죄와 비교했을 때 솜방망이 처벌이었다. 이 시기의 사회법은 매우 가혹해서 살인자들에게는 사형이나 사지를 절단하는 형벌을 통해 범죄를 방지하려고 했다. 그러나 같은 중죄라도 성직자가 범했을 때에는 고작 파면에 그쳤는데, 이것은 오히려 성직자들의 윤리적 해이를 부추기는 결과를 가져왔다.

마침내 왕과 대주교는 더 이상 건널 수 없는 강을 건너고 말았다.

토머스 베켓 : 하나님의 질서와 통치 위에 어떤 권위도 인정할 수 없소.

헨리 2세 : 누가 나를 이 흉악한 사제로부터 벗어나게 해 주시오.

헨리 2세의 분노와 위협을 감지한 토머스 베켓은 잉글랜드를 떠나 프랑스에서 교황의 손길 아래 보호를 받았다. 대주교가 떠나자 잉글랜드의 성직자들은 사익을 따라 국왕파와 교황파로 갈라졌다. 그 후 잉글랜드로 돌아온 토머스 베켓은 1170년에 살해되었고, 1173년에 성인으로 시성되었다는 것이 역사적 사실이다. 역사 속 사실만 나열한다면 헨리 2세, 토머스 베켓, 교황 알렉산데르 3세만 언급하면 될 것이다. 어쩌면 영국판 카노사의 굴욕 사건인지도 모른다. 하지만 그 시대를 살아가던 사람들의 정서와 눈물을 어떻게 이해할 수 있을까?

「캔터베리 대성당에서의 토머스 베켓 살해에 대한 초기 묘사」 1200년경 제작. 1170년에 있었던 토머스 베켓 살해는 정치와 종교의 갈등이 표면화된 사건이다. 이로 인해 토머스 베켓은 성인이 되었고, 영국인들은 그의 무덤을 향해 순례길에 오르게 되었다.

12세기를 살아가던 수많은 '을'들에게 국왕파나 교황파의 이념은 사치에 가깝다. 교회에 바치는 십일조나 국가에 바치는 세금은 이름만 다를 뿐 똑같이 '착취'되는 것이었다. 그들에게는 세금, 고리대금, 빈곤, 파문, 수탈이 바로 '암흑'이었다. 민초들의 현실을 공감한 후대 작가 T.S. 엘리엇은 민중들에 대해 이렇게 묘사했다.[24]

> 대주교님, 그간 우리는 행복하지 않았습니다.
> 우리는 무엇을 바라야 할지 주제 파악도 못하는
> 그런 무식한 사람들이 아닙니다.
> 우리는 압제와 고문을 받았고,
> 고문과 폭력, 궁핍과 질병이 우리의 일상이었습니다.
> 늙은이는 겨울에 화로를 꿈꿀 수 없고,
> 젖먹이 아이는 우유를 꿈꿀 수조차 없습니다.
> 우리의 노동은 착취되고, 죄의식이 우리를 억누릅니다.
> 아들이 불구가 되고, 딸이 능욕을 당해 떨고 있습니다.
> 우리의 삶은 그야말로 산산이 부서졌습니다.
> 그런데 새로운 두려움이 엄습합니다.
> 하나님이 우리를 떠나려고 하시나 봅니다.
> 태어나서 죽는 것보다 더 큰 고통과 슬픔을
> 하나님이 남기시는 것 같습니다.[25]

위의 단락은 엘리엇의 『대성당의 살인』에서 민중들의 심정을 대변하는 코러스 구절이다. 그의 표현처럼 12세기에도 실제 그랬다.

T. S. 엘리엇 미국계 영국 작가로서 1922년에 노벨 문학상을 수상한 엘리엇은 문학을 통해 시대의 눈물을 반영하면서도 그 속에서 희망을 노래한 작가다.

왕과 대주교의 힘겨루기는 종교와 정치의 주도권을 판가름하는 중요한 싸움이었지만, 생존의 암흑기를 헤쳐 나가야 할 사람들에게는 사치일 뿐이었다. 국왕이 외치는 애국심이나 대주교가 외치는 속죄는 현실에서 동떨어진 그저 '관념'이었다.

1170년 12월 29일이 되었다. 망명에서 돌아온 캔터베리의 대주교 토머스 베켓을 기다리고 있는 것은 헨리 2세가 보낸 무장한 4명의 암살자들이었다. 그들의 칼은 대주교의 몸통을 관통했고, 두개골을 갈랐다. 최후의 순간에 대주교는 "나는 예수 그리스도를 위해, 교회를 보호하기 위해 영광스럽게 죽는다"라고 외쳤다고 한다. 대주교 암살은 유럽은 물론 영국 내에서도 주도권을 행사하려는 교황에게 꽤 괜찮은 명분이었다. 1173년에 교황 알렉산데르 3세는 그를 성인으로 시성했고, 여론은 급격히 헨리 2세에게 등을 돌렸다. 헨리 2세는 마침내 「클래런던 헌장」을 철회하고, 교황의 우위를 인정하고 말았다. 이로부터 영국 국왕이 교황에 맞서는 「수장령」이 선포되기까지 350년 동안 영국 국왕은 교황에게 종속될 수밖에 없었다.[26]

캔터베리에서의 대화

다시 서더크의 타바드 인으로 눈길을 돌려 보자. 여기에 모인 29명의 사람들은 그렇게 캔터베리로 순례를 떠나기 위해 모였다. 이 사람들이 살던 시기에 그 시대가 원하는 것은 무엇이었을까? 흥미로운 것은 『로빈 후드의 모험』이 헨리 2세의 치하를 배경으로 일어난 이야기라는 점이다. 어쩌면 타바드 인에 모인 29명의 사람들은 로빈 후드와 셔우드 숲의 의적들 이야기를 구전으로 듣지 않았을까?

> 이 이야기는 오래전 잉글랜드 땅에서 있었던 일을 기록한 것이다. 당시 잉글랜드는 현명한 왕 헨리 2세가 통치하던 시절이었다.
>
> (중략)
>
> 어떤 사람들은 한겨울에 굶주림을 견디다 못해 왕실의 사슴을 사냥하다가 삼림 감독관에게 들켜서 어쩔 수 없이 숲으로 도망치기도 했다. 또 어떤 이들은 물려받은 셔우드 숲의 농장이 국유지에 속하게 되면서 강제로 쫓겨났다. 그런가 하면 지체 높은 귀족이나 돈 많은 성직자, 막강한 대지주 등에게 땅을 빼앗긴 사람들도 있었다. 간단히 말해 그들은 저마다 사연은 다르지만 모두 왕실의 부당한 억압을 피해 셔우드 숲으로 숨어든 사람들이었다. 그들은 자신들을 부당하게 억압했던 사람들에게 복수하기로 맹세했다. 그 대상은 귀족과 성직자, 대지주, 기사 등이었다. 그들은 세금, 소작료, 벌금 따위의 명목으로 불쌍한 서민들에게서 터무니없이 많은 돈을 갈취하고 있었다.[27]

셔우드 숲 로빈 후드 이야기의 무대가 된 영국 중북부의 셔우드 숲에는 중앙에 메이저 오크(Major Oak)가 있다. 여기서 로빈 후드와 의적들이 모여서 회의를 했다고 한다.

로빈 후드 이야기의 한 부분이다. 물론 구전으로 전해진 이야기를 여러 작가들이 각색했기 때문에 다양한 버전이 있지만, 헨리 2세 통치 시절의 영국 사회를 바탕으로 한 이야기라는 공통점은 분명하다. 초서의 『캔터베리 이야기』가 14세기 영국 사회를 반영하듯 『로빈 후드의 모험』은 12세기를 바탕으로 한다. 14세기의 불결하고 배고픈 사회, 12세기의 착취와 억압이 그려진 이야기 속에서도 교회는 선명하게 묘사되고 있다. 두 시기의 공통점이라면 교회와 성직자들이 암흑 속에 있었고, 이것은 어두운 시대가 되는 이유였다. 그것을 문학이 반영하고 있는 것이다. 반대로 교회가 빛이 될 때에는 세상이 암흑에서 벗어날 수 있었다. 결국 교회의 정체성에 따라 사회의 명암이 갈린다는 사실을 알 수 있다.

『캔터베리 이야기』를 둘러싼 현실에서는 삶의 굴레에서 신음하는 사람들에게 교회가 구원을 전하는 것이 아니라 순례를 강요하고 있었다. 초서와 동시대를 살았던 윌리엄 랭글런드는 순례에 대해 이런 의미심장한 기록을 남겼다.[28]

피어스의 꿈속에서 이성理性이 외치기 시작했다.

"주교들과 사제들이여, 당신들이 설교하는 내용을 스스로 실천해야 합니다. 그래서 민중들로부터 당신들의 신뢰를 회복해야 합니다. 성 야고보 성당이나 로마의 순교자 성당을 찾아가는 순례자들이여, 오히려 진리眞理를 찾아 떠나십시오. 진리만이 당신을 구원할 능력이 있습니다. 진정한 순례란, 성지를 향해 순례하는 지리적 이동이 아니라 진리를 향해 이동하는 것입니다. 그분은 여러분 모두를 구원할 능력이 있습니다.[29]

영국을 대표하는 캔터베리 대성당은 토머스 베켓의 흔적 위에 세워져 있다. 그는 수많은 순례자들과 여행객들을 대면해 왔다. 윌리엄 랭글런드의 언급처럼 '지리적 이동'이 우리에게 의미하는 바는 무엇일까? 구원을 얻기 위해 지리적 이동을 하는 사람들에게 교회는 어떤 역할을 해야 할까? 타바드 인에 모인 29명의 사람들은 진리에 대해 무지한 사람들일까? 진리가 누군가로부터 '개혁'이라는 이름으로 수혈을 받아야 하는 것이라면 그 시대에는 진리가 사라진 것일까?

항상 그랬듯이 진리는 사라진 것이 아니라 그 시대 속에 감춰져 있었다. 따라서 진리를 외치는 사람은 진리를 발명한 사람이 아니라 발견한 사람이다. 『황무지』의 작가 엘리엇이 우리에게 제시하는 것은 무엇인가? 그는 20세기의 사회를 이렇게 묘사하고 있다.

현실감이 없는 도시
겨울 새벽의 갈색 안개 밑으로

한 무리의 사람들이
그토록 많은 사람들을 파멸로 몰아 버렸음을
나는 미처 생각지도 못했다.
이따금 짧은 한숨을 내쉬며
각자의 발치만 내려다보면서
언덕을 넘어 거리로 내려가
교회의 둔탁한 종소리로 아홉 시를 알리는 곳으로
거기서 나는 낯익은 자를 만나 소리쳐 그를 세웠다.[30]

현실감 없는 도시와 파멸로 내몰리는 사람들에게 교회는 그저 종소리만 들려줄 뿐인 현실은 중세 교회나 20세기의 엘리엇이 경험한 교회나 크게 다르지 않았다. 1170년 토머스 베켓의 살인에 대해 엘리엇은 『대성당의 살인』에서 우리와 이렇게 대화를 시도한다.

토머스 베켓을 살해하기 위한 암살자들이 캔터베리 대성당에 도착했다. 그때 사제들이 소리쳤다.

"문을 잠가라. 문이 잠겼다. 이제 우리는 안전하다."

그때 토머스 베켓이 소리쳤다.

"문을 잠그지 마시오. 문을 여시오. 나는 그리스도의 교회이자 기도하는 집을 요새로 만들고 싶지 않소. 교회는 교회의 방식으로 스스로를 보호해야 하오. 나무와 돌로 교회 문을 잠근다 해도 그것은 썩어 없어질 것이오. 어떤 것으로도 막지 마시오. 교회는 견딜 것이오. 교회의 문을 여십시오. 우리들의 원수들에게까지도 문을 여십시오!"[31]

그렇다. 교회는 문을 열어야 한다. 나무와 돌로 교회 문을 보호한들 결코 교회를 지킬 수 없다. 역설적이지만 교회는 원수에게까지 문을 열어야 비로소 교회의 정체성을 지킬 수 있다. 엘리엇의 글에서 표현된 토머스 베켓은 우리에게 거룩한 부담감을 안겨 준다. 생명력을 잃은 교회일수록 교회의 문턱은 높아진다. 베켓은 교회의 문을 열고 문턱을 낮추라고 외친다. 그의 외침은 자신을 죽이러 온 암살자들에게 한 말이 아니라 그를 보호하기 위해 대성당의 문을 잠그려고 했던 동료 성직자들에게 했던 말이다. 교회가 스스로를 지켜야 했던 것은 물리적 보호가 아니다. 교회의 문턱을 낮출 때 비로소 보호할 수 있는 교회의 순결이다.

캔터베리 대성당의 시계 캔터베리 대성당 남서쪽 타워 벽면에 설치된 천문시계. 현재의 시계는 1760년에 설치되었다. 교회는 세상의 기준이어야 하는데, 교회가 빛과 방향을 잃을 때 세상은 암흑에 휩싸이게 된다.

제프리 초서는 『캔터베리 이야기』를 기록했고, 사망 후에 웨스트민스터 사원의 시인들의 묘역에 잠들어 있다. 그는 1400년 10월 15일에 세상을 떠났다고 기록되어 있다.

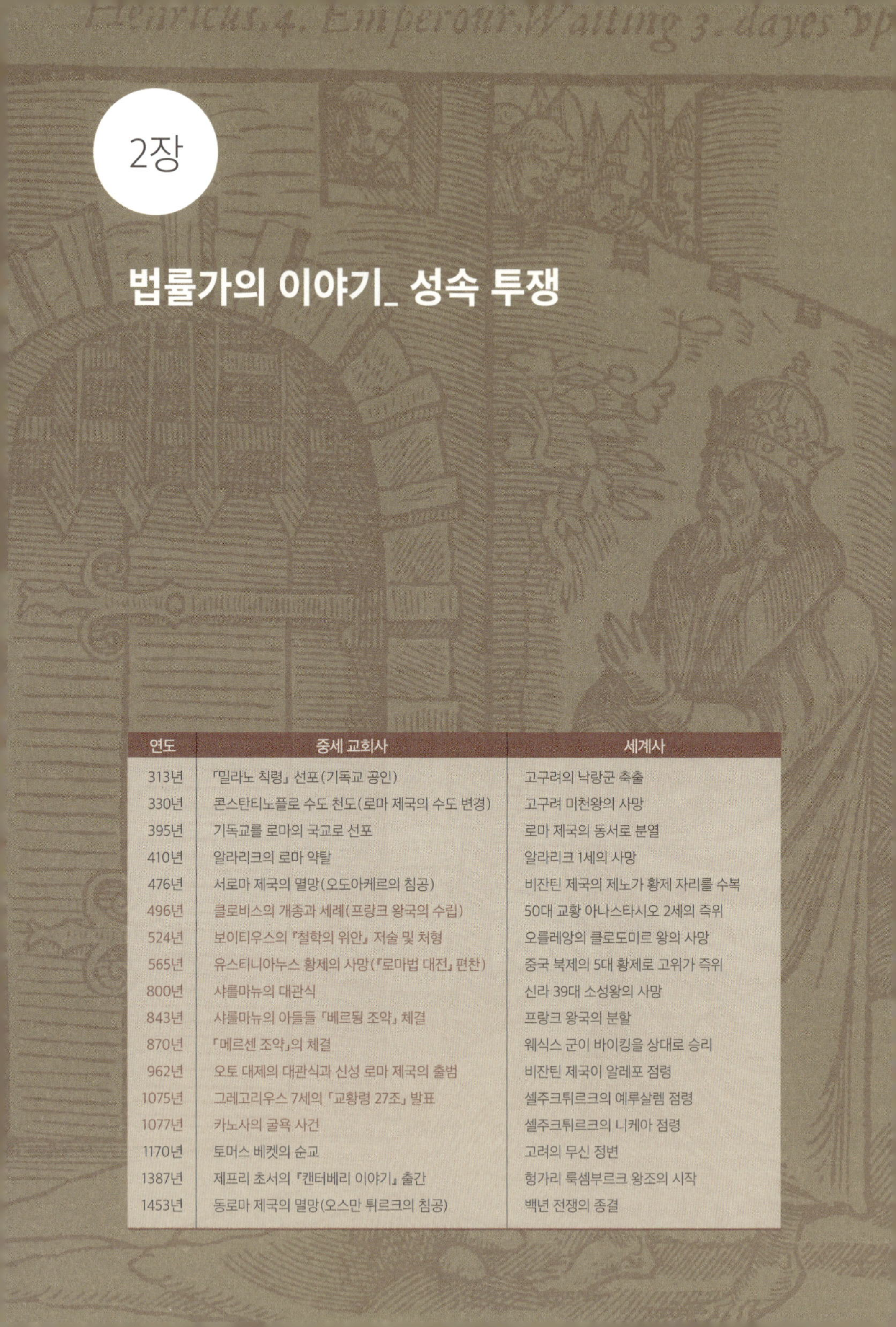

2장

법률가의 이야기_ 성속 투쟁

연도	중세 교회사	세계사
313년	「밀라노 칙령」 선포(기독교 공인)	고구려의 낙랑군 축출
330년	콘스탄티노플로 수도 천도(로마 제국의 수도 변경)	고구려 미천왕의 사망
395년	기독교를 로마의 국교로 선포	로마 제국의 동서로 분열
410년	알라리크의 로마 약탈	알라리크 1세의 사망
476년	서로마 제국의 멸망(오도아케르의 침공)	비잔틴 제국의 제노가 황제 자리를 수복
496년	클로비스의 개종과 세례(프랑크 왕국의 수립)	50대 교황 아나스타시오 2세의 즉위
524년	보이티우스의 『철학의 위안』 저술 및 처형	오를레앙의 클로도미르 왕의 사망
565년	유스티니아누스 황제의 사망(『로마법 대전』 편찬)	중국 북제의 5대 황제로 고위가 즉위
800년	샤를마뉴의 대관식	신라 39대 소성왕의 사망
843년	샤를마뉴의 아들들 「베르됭 조약」 체결	프랑크 왕국의 분할
870년	「메르센 조약」의 체결	웨식스 군이 바이킹을 상대로 승리
962년	오토 대제의 대관식과 신성 로마 제국의 출범	비잔틴 제국이 알레포 점령
1075년	그레고리우스 7세의 「교황령 27조」 발표	셀주크튀르크의 예루살렘 점령
1077년	카노사의 굴욕 사건	셀주크튀르크의 니케아 점령
1170년	토머스 베켓의 순교	고려의 무신 정변
1387년	제프리 초서의 『캔터베리 이야기』 출간	헝가리 룩셈부르크 왕조의 시작
1453년	동로마 제국의 멸망(오스만 튀르크의 침공)	백년 전쟁의 종결

「카노사의 굴욕(Humiliation at Canossa)」 수도사 도니조(Donizo)가 쓴 『마틸다의 생애(*the Vita Mathildis*)』 중 삽화. 하인리히 4세가 카노사의 성주이자 백작부인인 마틸다에게 교황과의 분쟁에 중재를 요청하고 있다. 종교와 정치의 투쟁에서 정치 수장 하인리히 4세가 무릎을 꿇은 사건을 '카노사의 굴욕'이라고 한다. 이 사건은 중세를 대표하는 사건이다.

명예로운 직책을 갖고 있고, 수많은 병사들을 거느린 로마의 교황은 독일 왕 하인리히 4세와 분쟁을 벌였습니다. 그 내용은 다음과 같습니다. 고위 성직을 무상으로 제공하는 게 아니라 돈을 받고 팔고, 그것도 부적절한 사람들에게 제공하는 일이 종종 있다며 교황이 하인리히 4세를 비난했습니다. 이에 맞서 하인리히 4세는 황제인 자신의 승인을 구하지도 않고 사도좌를 차지한 찬탈자라며 교황을 비난했습니다. 여기에 더해 그는 교황이 스스로 물러나지 않으면 불명예스럽게 쫓아내겠다고 협박했습니다. 왕이 사절들을 보내 이러한 협박 내용을 전하자 교황은 즉시 사절들에게 분노를 쏟아부었습니다. 그들을 때리고, 머리카락을 자르고, 수염을 밀어 버렸습니다. 그러고는 교양인성직자이라고 믿기 힘들 정도로 욕설을 퍼부은 후에 쫓아냈습니다.[32]

중세의 시작에 선 등불, 보이티우스

타바드 인에서 제일 먼저 이야기를 꺼낸 사람은 법률가였다. 그는 해박한 지식을 가진 변호사로서 당대에 얽힌 사건들에 대해 하나하나 매듭 풀 듯 설명해 줄 수 있었다.

최고의 변호사가 있었다. 그는 차분하고 현명한 사람이었다. 또 능력이 매우 뛰어나고 신중하여 깊은 존경을 받았다. 세상 어디에도 그보다 바쁜 사람은 없었다. 그는 정복왕 윌리엄 이후에 있었던 모든 법정 재판과 판례를 잘 알고 있었으며, 법률 서류를 쓰고 작성하는 재주가 뛰어났다. 그는 모든 법조문을 훤히 꿰고 있었다.[33]

중세는 수많은 판례, 조항, 조약, 칙령과 같은 법률의 연속으로 이루어져 있다. 그러므로 중세를 대표하는 신성 로마 제국과 카노사의 굴욕과 같은 사건이 왜, 어떻게 발생했는지에 대해 법률 전문가는 적절한 설명을 해 줄 수 있었다.

앞 페이지에서 안나 콤니니[34] 공주가 기록한 것처럼 카노사의 굴욕 사건이나 신성 로마 제국의 사건을 이해하는 핵심에는 인간의 탐욕이 도사리고 있다. 탐심을 간과한다면 결코 이 사건들의 실체를 볼 수 없다. 안나 콤니니는 엄연한 로마 제국의 공주였지만, 역사에서는 그녀를 동로마 혹은 비잔틴 제국의 공주라고 부른다.[35] 476년에 서로마 제국이 붕괴한 이후 서유럽에서는 고대 그리스-로마 문명을 동경해 왔다. 중세 후반에 나타난 '르네상스'라는 표현은 '재생' 또는 '부활'을 의미하는데, 이는 고대 그리스-로마 문명의 재생을 의미하는 것이다. 르네상스는 그 시대의 문명을 재생하겠다는 모토를 가진 운동이다. 즉 유럽인들의 생각 속에는 헬레니즘 사상이 깊게 뿌리박혀 있었다.

로마는 주전 753년부터 지속되어 주후 313년에 콘스탄티누스 황제가 기독교를 공인하기까지 무려 천 년간 존재해 왔다. 이미 콘스탄티누스 직전까지도 네 명의 황제가 제국을 분할해서 통치해야 할 정도로 로마는 넓은 영토를 가지고 있었다. 그런데 330년에 콘스탄티누스 황제는 수도를 로마에서 콘스탄티노플이스탄불로 옮기게 된다. 비록 제국의 무게 중심이 서방에서 동방으로 옮겨졌지만 로마 교회가 교회의 중심마저 동방에 넘겨준 것은 아니었다. 동방 교회는 콘스탄티노플 천도와 함께 자신들의 수위권을 주장했으나 로마 교회는 바울과 베드로의 전통 위에 세워진 정통성을 양보할 리 없었다. 이것이 동방 교회와 서방 교회의 갈등이었다. 동방 교회는 스스로를 '정통'이라는 의미로 '정교회正敎會, Orthodox'라고 선언했던 반면, 로마 교회는 자신들이 보편성을 갖고 있다는 의미로 '가톨릭Catholic 교회'

밀라노 대성당 밀라노 시내에 위치한 화려하고 압도적인 밀라노 대성당의 모습. 콘스탄티누스 황제는 밀라노에서 기독교 박해를 금지하는 「밀라노 칙령」을 선언했다.

라고 불렀다. 이런 명분에 대한 싸움은 중세에도 지속되었다.

신성한 도시 로마는 광대한 제국을 스스로 지키기보다 용병들의 손에 맡기게 되었다. 제국의 방비가 허술해져 가면서 주후 410년에는 서고트족의 알라리크Alaric에게 무참히 짓밟히기도 했다. 거룩한 로마가 이교도에게 짓밟히게 되자 종교인들은 이 현상에 대해 의문을 품었다. 하나님이 살아 계시다면 왜 이런 부당한 일이 일어나는가? 이에 대해 『신국론』을 저술한 아우구스티누스Augustinus는 당대의 문제들을 규명했고, 그가 대표하는 교부 철학은 중세를 지탱하는 사상이 되었다. 그럼에도 제국의 방어를 맡았던 게르만족 출신 용병 대장 오도아케르는 오히려 476년에 서로마를 멸망시키고 말았다. 하지만 서로마의 몰락은 로마 제국 전체의 멸망이 아니라 제국의 서부에 국한된 것일 뿐이며, 콘스탄티노플을 중심으로 한 로마 제국은 여전히 건재했다.

서로마의 중심 지역인 이탈리아 반도에서는 489년에 동고트족의

라벤나 궁전 테오도리크는 라벤나를 중심으로 서로마 제국의 회복을 도모했다. 라벤나에 위치한 테오도리크 궁전의 모습이다.

테오도리크Theodoric가 오도아케르를 죽이고 서로마 제국의 회복을 도모했다. 이와 동시에 496년에는 프랑스 지역을 중심으로 클로비스Clovis가 기독교로 개종하고 교황에게 세례를 받으면서 프랑크 왕국을 세우게 된다.

서로마의 멸망과 함께 시작된 중세는 클로비스가 세운 프랑크 왕국과 테오도리크가 통치한 서로마로 시작되었다. 당시 테오도리크는 콘스탄티노플과 프랑크 왕국의 견제를 받는 가운데 라벤나를 중심으로 이탈리아 반도를 통치하고 있었다. 이 무렵에 로마의 명문가에서 태어난 보이티우스Boetius는 아우구스티누스의 교부 철학을 계승해서 중세 사상의 토대를 닦은 매우 중요한 인물이다.[36] 그는 테오도리크의 신임을 얻어 왕의 비서실장 자리까지 올랐는데, 불의와 부패에 타협하지 않는 강직한 성품이었다. 이로 인해 많은 정적들로부터 미움을 받았다. 523년에 정적들 중 하나인 키프리아누스는 알비누스가 콘스탄티노플과 내통해서 왕을 모욕한다고 모함을 했다. 이에 보이티우스는 자신의 양심을 걸고 그의 결백을 주장했다.[37] 이로 인해 보이티우스는 동로마와 결탁했다는 누명을 쓰고 결국 처형을 당하게 되었다.[38] 죽음을 앞두고 가택 연금을 당하던 암흑의 시간에 그는 중세인들의 뇌리에 스며든 역작『철학의 위안』을 썼다.

> 강자가 약자의 돈을 강탈해 가는 일이 매일같이 비일비재하게 일어나고 있는데, 어떻게 네보이티우스가 그것을 인정하지 않을 수 있겠느냐? 법정의 모든 소송은 무력이나 사기에 의해 자신의 의지와는 달리 강제로 빼앗긴 돈을 되찾고자 하는 것이 아니면 무엇이겠느냐?[39]

세상은 강자가 약자를 짓밟고, 참과 거짓을 가려야 할 법정은 권력자들의 요구를 반영한 불의의 무대가 되었다. 동서고금을 막론하고 무전유죄, 유전무죄가 세상의 이치인 셈이다. 불의가 만연한 세상에서 성경을 근거로 현실적이면서 철학적인 해답을 모색한 책이 바로 보이티우스의『철학의 위안』이다. 정적들의 모함으로 인해 처형을 앞둔 절망적인 순간에도 보이티우스는 철학적 문제를 규명한 저서를 남겼다. 그에게 '철학'이란 진리를 규명해 주는 원리이자 그것을 표현하는 학문이었다. 아우구스티누스나 보이티우스 같은 교부 철학자들에게 기독교는 이성을 바탕으로 세상과 소통할 수 있는 종교였다. 그들에게 신앙이 이성으로 설명되지 않았다면 교부 철학은 중세의 문을 열 수 없었다. 다시 말해 중세를 지탱한 철학자들에게 종교는 이성적이고 상식적인 것이지, 결코 말로 설명할 수 없는 미신적인 것이 아니었다. 그것을 상실하는 순간 종교는 광신이나 맹신으로 전락하는 것이다. 보이티우스는 실존적인 문제에 이성적으로 답변을 시도한다. 세상이 왜 악한가? 그것은 이 세상이 탐욕과 악에 물들어 있기 때문이다.[40] 중세의 시작점에 있던 보이티우스가 중세인들에게 당부하는 것은 겸손과 희망 그리고 올바른 정신이었다.

> 그러므로 너희는 악을 멀리하고 미덕을 기르며, 바른 희망을 품고서 너희 정신을 들어올려 저 높은 곳을 바라보고 겸손하게 간구를 드리라. 너희는 모든 것을 보고 계시는 심판주의 눈앞에서 살아가고 있기 때문에 너희 자신을 속이려고 하지만 않는다면 바르게 살아야 한다는 필연성이 너희에게 주어져 있다는 것을 알 것이다.[41]

보이티우스가 세상을 떠나면서 남긴 메시지를 마음에 새겨야 한다. 그와 더불어 시작된 중세는 교회가 지배하는 시대였다. 중세 유럽인들의 종교 분포를 조사한다면 압도적으로 많은 수가 기독교였다. 「밀라노 칙령」이 있기 전까지 제국의 기독교 인구는 5퍼센트 미만이었다. 그런데 황제가 선택한 기독교는 어떤 방식으로 보이티우스 시대까지 그 세력을 키울 수 있었을까? 역사는 말한다. 「밀라노 칙령」 이전의 기독교가 받았던 핍박보다 그 이후로 기독교가 이교도를 박해했던 것이 훨씬 더 가혹하고 혹독했다고. 321년에 황제는 공식적으로 일요일을 주일로 선언했고, 356년에는 우상 숭배자들을 사형에 처하라는 칙령을 발표했다. 395년에는 기독교가 로마의 국교가

되면서 타종교는 공식적으로 '반역죄'가 되었다.[42] 「사도신경」을 최초로 언급한 암브로시우스 주교를 비롯한 교회 지도자들은 기독교만이 유일한 진리라고 외쳤다. 이것이 교회를 세우는 선언이긴 했지만, 이에 반하는 모든 사람들을 이교도의 범주에 넣어 부당한 차별과 탄압을 시작했던 불편한 진실이 있었다.

보이티우스의 정신을 통해 살펴보자. 기독교가 전파되는 것은 물

「사육제와 사순절의 싸움(The Fight Between Carnival and Lent)」
피터르 브뤼헐. 1559년. 목판에 유화. 164x118cm. 미술사박물관. 빈. 중앙에 루터교와 가톨릭 수녀의 옷을 입은 두 사람이 걸어가고 그 앞에는 횃불을 든 광대가 있다. 그림을 양분해서 왼편에는 교회의 사순절을, 오른편은 사육제를 묘사한다. 광대가 들고 있는 횃불은 '이성'을 상징한다. 교회와 사회 모두 광기에 사로잡혀 있음을 표현하는데, 특히 오른편에는 교회의 위선적인 모습을 풍자했다. 그림 곳곳에서 유럽 사람들의 평범한 모습을 엿볼 수 있다. 이 그림에서 농민화가 브뤼헐이 강조한 것은 보이티우스 생각처럼 이성적이고 합리적인 사회가 아닐까?

론 좋은 것이다. 반면 중세가 시작되면서 기독교가 역사에 남긴 것은 무엇인가? 기독교가 가는 곳마다 비기독교도에게 극심한 차별이 생겨났고 양극화 현상은 심화되었으며, 민주주의를 후퇴시켰다. 「밀라노 칙령」 이전에 로마 제국 내에서는 시민들에게 무상 배급이 실시되고, 빈민들을 구제하는 제도가 시행되었다. 그러나 교회가 지배하는 중세 사회에서 가난한 자들은 게으름의 표상이 되었고, 빈민들은 잠재적 폭도가 되었다. 중세는 교회가 지배하는 사회였지만 결코 성경적인 사회는 아니었다. 교회의 순교자들보다 훨씬 많은 사람들이 교회에 의해 처형되고 사라졌던 것은 역사의 증언이다. 중세를 살펴보면서 현재와 대화해야 할 화두는 무엇일까? 교회는 세상보다 합리적인가, 더 관용이 많은가, 더 민주적인가, 하나님의 형상에 대한 가치가 존중되고 있는가?

카롤링거 르네상스

보이티우스가 서로마에서 활동했다면 같은 시대 동로마 콘스탄티노플에는 유스티니아누스 황제Justinian가 통치하고 있었다. 보이티우스가 『철학의 위안』을 기록하던 시기에 유스티니아누스는 로마 제국의 법을 체계화하고, 로마 제국의 정신을 계승하는 의미로 「로마법 대전Corpus Juris Civilis」을 편찬했다. 기존의 칙령과 법 학설들 사이의 모순과 중복을 없애고 명료하게 체계화하여 방대한 로마법을 집대성한 유스티니아누스는 당당한 로마 제국의 계승자였다. 약 1,500년 전에 만들어진 유스티니아누스의 「교회법」에 묘사된 내용은 지금도 이성적으로 납득할 만한 부분이 다수 포함되어 있다.

> 성스러운 교회법에 순응하는 우리는 동일한 교회법에 따라 선언하노니 그 후보자가 세밀한 심사를 거쳐 훌륭한 품성[43]을 소유하고, 글에 능통하

고, 교회 교리에 유능하지 않고서는 어느 누구도 성직자로 임직 받을 수 없다. 우리는 어느 상황에서도 글에 무지한 사람들을 임직하지 않을 것이다. 말하자면 글에 무지한 사람들은 사제나 부제副祭나 교회에서 책을 읽는 봉사자로 임직 받을 수 없다.[44]

같은 시기에 이탈리아 반도에서는 테오도리크가 보이티우스를 살해하고 콘스탄티노플에 대항하면서까지 로마 제국을 계승하려는 꿈을 놓지 않았다. 그것을 실현하는 방법은 교회로부터 명분을 얻는 것이었다. 이를 위해 이미 클로비스 1세도 교황으로부터 세례를 받았고, 샤를마뉴의 부친이었던 프랑크 왕국의 피핀 3세Pipin III는 751년에 보다 대담한 시도를 하게 된다. 교황으로부터 왕위를 인정해 주는 조건으로 교황을 위협하는 롬바르드족을 토벌하고 교황에게 군사력과 토지를 선사한 것이다. 이런 결탁을 통해 피핀은 카롤링거 시대를 열었다. 이 대담한 시도는 샤를마뉴를 통해 결실을 맺게 되었다. 프랑크 왕 샤를마뉴는 796년에 로마에 있던 교황 레오 3세Leo III에게 다음과 같은 제안을 하게 된다.

제가 성하레오 3세의 주관자이신 하나님께 맹세했던 것처럼 성하와도 사랑과 신뢰로써 약속을 제안 드리는 바입니다. 성하께서 저를 위해 축복해 주시고, 거룩한 기름을 제 머리에 부어 주신다면 저는 로마 교회가 현실 속에서도 입지를 굳혀 나가도록 노력할 것입니다. 내부의 이단자는 물론, 외부의 이교도들의 공격에 대항해서 교회를 보호하고, 나아가 로마 교회가 더 많은 영향력을 발휘할 수 있도록 토지교황령도 제공할 것을 약속드립니다.

샤를마뉴 드림[45]

샤를마뉴의 흉상 독일 아헨 대성당에 보관된 샤를마뉴의 황금 흉상. 샤를마뉴는 아헨 지역을 중심으로 신성 로마 제국의 기틀을 다졌다.

샤를마뉴는 로마 제국의 계승권을 얻기 원했고, 교황은 눈에 보이는 땅교황령과 힘병력을 손에 쥐고 싶었다. 야심과 탐욕이 서로 통한 순간이다. 샤를마뉴는 주후 800년 12월 25일에 로마로 와서 교황 레오 3세로부터 대관식을 거행하게 된다. 하나님의 대리자였던 교황은 하나님 한 분으로는 만족하지 않았던 모양이다. 샤를마뉴의 '임직식'에서 신의 이름을 빌어 마음에도 없는 거나한 축사를 해 준 대가로 두둑한 사례 봉투를 받았으니 말이다.

나의 왕샤를마뉴이여, 당신은 당신의 왕 하나님의 대리자임을 항상 기억하시오.

(중략)

우리의 주 예수 그리스도는 그리스도인들의 통치자로서 당신을 세웠습니다. 그러므로 그 능력은 교황이나 콘스탄티노플의 황제보다 탁월하고 그 지혜도 더욱 뛰어나며, 당신은 통치의 위엄에 있어서 훨씬 더 장엄합니다. 그리스도의 모든 교회의 안전은 오직 당신에게 달려 있습니다.[46]

교황은 과연 누구의 대리인이었을까? 신인가, 권력인가? 샤를마뉴의 대관식 소식은 콘스탄티노플을 적잖이 당황하게 했을 것이다. 도대체 누가 누구의 대리자란 말인가? 교황 레오 3세의 선언으로 순식간에 로마 제국은 동로마 혹은 비잔틴 제국이 되었다! 동시에 교황은 영적 숭고함을 희생한 대가로 가시적인 권력을 손에 넣게 되었다. 권력을 손에 쥔 종교는 반드시 타락의 길을 걷는다는 것은 역사가 증명하는 바다.

샤를마뉴는 대관식을 겪으면서 경험했던 교황의 탐욕과 당대 성직자들의 부패를 결코 망각하지 않았다. 그가 황제로 추대되면서 마침내 로마 제국의 정통성을 '탈환'했고, 서유럽을 그리스-로마의 계승자로 만들었다. 샤를마뉴는 문화를 장려하고, 유럽 곳곳에 수도원을 보급했다. 그는 유럽의 문화와 종교적 기틀을 확립했고 도량형을 통일했으며, 화폐 단위를 체계화하여 '유럽의 아버지'라 불리게 되었다. 또한 이런 문화적 결실을 거둔 것으로 인해 이 시기를 '카롤링거 르네상스Carolingian Renaissance'라고 부른다. 그는 문화적 변혁 이면에 성직자들의 수준 향상도 도모했다.

샤를마뉴는 성직자들에게 하나님의 은혜를 얻도록 할 것, 하나님에게 약속한 신앙을 지킬 것, 어느 사람이 부당하게 대우를 받았다는 불평을 토로하면 매사에 이런 문제를 성실히 살펴볼 것, 하나님을 두려워하는 마음으로 하나님의 거룩한 교회와 가난한 자들과 과부와 고아들과 모든 사람들에게 정의를 베풀 것을 명했다.

(중략)

"누구도 하나님의 거룩한 교회와 과부와 고아들과 외인들에게 폭력을 행하거나 해를 입혀서는 안 될 것이다. 왜냐하면 하나님과 그의 성인들을 따라 황제는 그런 이들의 특별한 보호자이기 때문이다. 주교와 사제는 정경에 따라 살고, 다른 이들도 그와 동일하게 살도록 가르쳐야 한다."[47]

샤를마뉴는 이런 문화 정책을 위해 당대 최고의 학자였던 요크의 앨퀸Alcuin of York을 초대했다. 앨퀸이 무엇보다도 강조했던 부분은 성직자들의 도덕적 · 지적 수준을 회복하는 것이었고, 성직 매매와 세습과 같은 인습을 억제하는 것이었다. 당시 성직자의 자격은 심각할 정도로 형편없는 수준이었다. 성직자들이 성경을 제대로 알 턱이 없었고, 인격적·학문적 자격 없이 성직에 올랐다. 시간의 간격은 있겠지만, 제프리 초서가 기록했던 성직자들의 모습은 아래와 같다.

뻔뻔스런 사탕발림과 거짓말로 사제와 가난한 백성을 속였다. 그러나 솔직히 말하면, 교회에서 그는 훌륭한 성직자였다. 기도할 때는 성서 구절이나 성인전 구절을 잘 읽었고, 특히 봉헌 성가를 가장 듣기 좋게 불렀다. 노래가 끝난 뒤 신도들에게서 되도록 많은 돈을 긁어내려면 혀를 부드럽게 굴려서 설교해야 한다는 사실을 훤히 알고 있었기 때문이다. 그래서 그는 언제나 성가를 힘차고 명랑하게 불렀다.[48]

본질이 없으면 외양에 치중하는 법이다. 자질이 없는 성직자는 화려한 가운과 자신도 모르는 어려운 용어를 쓴다. 앨퀸은 성직자들의 자질 향상을 위해 두 가지에 주력했다. 하나는 성경을 충분히 숙지하는 것과 고전, 문법, 논리학으로 대변되는 기본적인 학문에 충실할 것을 목표로 했다. 이렇게 성직자들을 위한 기틀은 스콜라 철학과 대학의 출현을 위한 원형을 제공했다. 알파벳 소문자도 앨퀸의 이런 노력에 의해 도입된 것이었다.

중세의 학문에는 두 단계가 있었다. 수사학, 인문학, 고전 등의 7가지 자유 학문을 배우는 '기초 학문' 단계가 있고, '생명'을 다루는 철학, 신학, 의학이 그 다음 단계였다. 앨퀸은 신학을 하기 위해서는 기초 학문에 충실해야 성직자들의 자질이 향상된다고 믿었다. 왜 그랬을까? 의학은 육체의 생명을 다룬다. 철학은 사회의 생명을 다루며, 신학은 영혼의 생명을 다룬다. 반면 세 학과를 제외한 대다수의 사람들은 기초 학문에 머물렀다. 앨퀸은 '생명'을 다루는 학문이 사회 속에서 소통을 하기 위해서는 반드시 '기초 학문'에 충실할 것을 의도했다. 그렇다면 성직자들에게 이런 방식으로 신학을 강조한 것은 신학적 '지식'을 섭렵하는 것을 넘어서서 생명에 대한 사회적 '공감'으로서 소통을 강조한 차원으로 이해할 수 있다. 즉 신학을 설교라는 형태로 표출하는 '수단'으로서의 기초 학문에 충실해야 비로소 소통이 이루어진다는 소신이었다. 앨퀸의 이런 혜안이 없었다면 설교는 성직자와 신도들에게 거대한 장벽이 되었을 것이다.

'철학은 신학의 시녀'라는 표현도 이런 맥락에서 이해할 수 있다.[49] 신학적 신비와 비밀은 성직자들에게만 독점되는 지식이 되어서는 안 된다. 신학이 이성으로 대변되는 '철학'으로 표현되어야 교회도 세상과 대화할 수 있다. 이처럼 앨퀸이 뿌린 씨앗이 열매가 되어 나타난 인물이 바로 중세 철학자이자 신학자였던 에리우게나Eriugena였다. 그는 "어느 누구도 철학이 아니면 천국에 들어서지 못한다*Nemo intrat in caelum nisi per philosophiam*"[50]라고 했다. 그의 말을 왜곡한다면 에리우게나는 이단이 될 수도 있다. 물론 실제로 그랬다. 그러나 그가 이렇게 말한 진심은 우리가 철학자가 되어야 천국에 간다는 말이 아니다. 천국의 거룩한 계시는 이성과 언어로 표현될 수 있고, 마땅히 그래야 한다는 의미다. 이성과 설득이 상실된 신학은 맹신盲信이나 광신狂信일 뿐이다. 또한 설득되지 않는 설교는 '폭력'의 다른 얼굴이기도 하다. 에리우게나의 또 다른 표현에 귀를 기울여 보자.

> 합리적으로 신을 추구하고 겸손하게 경배하며, 참된 종교의 법칙을 정하는 것을 뺀다면 철학이 다루는 것이 무엇인지요? 참된 철학은 참된 종교이며, 다른 말로 참된 종교는 참된 철학입니다.[51]

이것이 앨퀸이 사활을 걸고 시도했던 성직자들의 수준 향상의 목적이었다. 그러나 그의 노력은 큰 효과를 거두지 못했다. 여전히 권력 주변에 있던 성직자들은 성직 매매와 세습을 통해 특권을 독점했다. 그들에게 신학이란 기초 학문을 섭렵한 후에 도달해야 할 학문이 아니라 무지를 감추기 위한 유일한 학문에 불과했다. 그들에게는 기초 학문으로 사회와 소통할 능력이 없었던 셈이다. 이것은 중세를 더욱 암흑으로 몰아넣는 요인이 되었다.

단 한 권의 책밖에 읽지 않은 사람을 경계하라.

벤저민 디즈레일리Benjamin Disraeli

샤를마뉴 이후 150여 년이 흐르고 오토 1세Otto I는 또 다시 교황으로부터 대관식을 가졌으며, '신성 로마 제국'을 역사 속에 등장시켰다. 그러나 오토 대제가 경험했던 성직자들 역시 실망스러운 수준이었다. 비록 교황에게 대관식을 의뢰하긴 했지만 차기 교황은 제발 경건한 인물이 되었으면 좋겠다고 공공연히 말할 정도였다. 실제로 교황 요한 12세는 방탕함과 문란함이 극에 달했던 인물로서 그의 재위 당시 교황청은 '매음굴'이라는 별명이 붙을 정도였다. 더 심각한 것은 후임 중에서 그보다 더 적합한 인물이 없었다. 게다가 굳이 경건함의 측면에서 겨우 골라서 교황 레오 8세Leo VIII가 임명되긴 했지만, 그도 제대로 된 성직자의 자격과 자질을 갖추지 못한 인물이었다. 평신도 신분으로 교황에 당선된 후 단 하루 만에 신품을 받고 교황직에 올랐기 때문이다.[52] 그렇게 된 이유는 앨퀸의 노력에도 불구하고 성직자들을 체계적으로 가르치는 교육 제도가 확립되지 못했

「맹인들의 우화(The Blind Leading the Blind)」 피터르 브뤼헐. 1568년. 캔버스에 유화. 86X154cm. 카포디몬테 국립미술관. 나폴리. 맹인이 맹인을 인도하면 둘 다 구덩이에 빠진다는 성경의 구절을 근거로 그렸다. 브뤼헐 당시 16세기의 사회는 종교인들이 시민들을 성경적인 진리로 인도하지 못했기 때문에 사회가 극심한 혼란에 빠졌음을 지적하는 것이다.

기 때문이다. 성직자들의 수준은 그들을 양성하는 교육 수준에 달려 있을 것이다. 돈을 받고 양산해 내는 식의 성직자 교육이라면 그 수준은 얼마든지 짐작이 가능했다.[53]

나는 자신들의 배를 채우기 위해 설교하는 네 교단의 탁발 수도승들성직자도 보았다. 이들은 성경을 자신들의 입맛에 맞추어 해석했고, 근사한 옷에 대한 욕심을 채우려고 마음대로 의미를 만들어 읽었다. 많은 탁발승들은 자신이 원하는 옷을 입었는데, 그들의 수입과 옷 가격이 꼭 맞아떨어졌기 때문이었다.[54]

신성 로마 제국의 출현

843년에 샤를마뉴의 아들들은 「베르됭 조약 Treaty of Verdun」을 체결하면서 프랑크 왕국을 분할했다. 이로서 프랑크 왕국은 오늘날의 프랑스, 독일, 이탈리아와 비슷한 형태로 분리되었다. 이어지는 870년의 「메르센 조약」을 통해 국경 문제도 매듭지었다. 이제 누가 로마의 정통성을 계승해 나갈 것인가?

962년에 독일의 오토 대제가 발 빠르게 움직였다. 오토 대제는 교황 요한 12세에게 대관식을 요청했다. 어떤 거래가 오고 갔을까? 오토는 '로마 황제'라는 칭호를 얻었음에도 불구하고 이탈리아 반도 밖에서만 다스렸다. 반면 교황 요한 12세는 이탈리아에서 반란의 위기에 직면해 있었다. 교황과 황제의 가려운 부분들이 서로 논의되었다. 오토는 이탈리아 반도까지 통치권을 확대한 반면, 교황에게 군사적 원조를 해 주면서 교황의 땅을 확보해 주었다. 이런 타협의 결과로 탄생한 것이 바로 '신성 로마 제국'이다.[55] 그러므로 이런 역사적 흐름을 잘 고려한다면 신성 로마 제국과 고대 로마 제국은 어떠한 관계도 없는 셈이다. 볼테르는 이를 한 마디로 정리했다.

신성 로마 제국은 신성하지도, 로마도, 제국도 아니었다.

The Holy Roman Empire was neither holy, nor Roman, nor an Empire.

샤를마뉴와 오토가 교황과 결탁한 대관식의 민낯은 이렇다. 이렇게 손을 맞잡은 교황과 황제라면 그 사이에서 이익이 사라지면 갈등으로 대립하는 것은 시간문제다. 결국 1077년에 발생한 카노사의 굴욕 사건이나 1170년의 토머스 베켓 살해 사건 역시 이런 결탁과 갈등에서 이해해야 한다. 중세인들에게 있어서 교황은 황제에게 기름을 부어 준 인물이 되었다. 그렇다면 중세의 성직자들은 누가 임명하며, 누구의 관할을 받는가? 교황인가, 황제인가? 이제 그 갈등 속으로 들어가 볼 차례다.

어떤 성직자들은 귀족과 그 부인의 집에서 시중을 들고, 영주의 재판소에서 판결을 하는 등 집사 임무를 수행했다. 미사, 아침기도, 성무일도聖務日禱와 같은 종교적 의무를 신앙심 없이 행한 것이다. 마지막 심판의 날이 오면 재판장에 앉은 그리스도께서 그들 모두에게 무거운 판결을 내리실까 두렵다.[56]

카노사에서의 대화

이탈리아 북부 산골에 카노사Canossa라는 작은 마을이 있다. 이곳에

카노사 성 이탈리아 북부에 위치한 성. 1077년 1월에 신성 로마 제국의 황제와 그의 가족들이 교황을 알현하기 위해 눈밭에서 3일간 참회했던 현장이다.

서 하인리히 4세는 눈밭에서 3일간 참회를 했다. 대大 신성 로마 제국의 황제가 왜 교황에게 이런 굴욕을 당해야 했을까? 권력의 시녀가 된 교회는 두 부류의 반응으로 나타났다. 하나는 권력을 유지하기 위해 성직 매매와 세습이라는 방법으로 권력을 독점하려는 시도였다. 다른 하나는 교회를 회복하려는 개혁 운동이나 수도원 갱신 운동으로 나타났다.[57] 수도원 운동이 '제도권 밖으로' 나가려는 움직이었다면 교회 개혁은 '제도권 내부'의 움직임이었다. 당시에는 교회의 회복을 위한 다양한 개혁의 움직임들이 시도되었다.

> 아무도 성직이나 교회의 직분을 살 수 없다. 성직자가 관여했다면 거기에 맞는 속죄를 해야 한다. 아무도 장례식이나 성례식, 환자 방문 등으로 어떤 사례금도 요구할 수 없다. 성직자나 평신도는 고리대금업을 할 수 없다. 어느 누구도 가난한 자를 절도와 사기로 해쳐서는 안 된다.[58]

그 중 대표적인 것이 그레고리우스 7세Gregorius Ⅶ의 개혁이다. 그레고리우스의 개혁은 세 가지로 요약된다. 첫째로 성직자들의 결혼 금지, 둘째로 성직의 매매 금지, 셋째로 세속 권력에 의한 성직 임명 반대였다. 그레고리우스가 보았을 때 성직자들의 타락은 성직자들의 결혼과 돈 때문에 생긴 것이었다.

> 나는 가난하고 평범한 집안 출신이었지만 마침내 교황이 되었다. 그러나 내가 경험한 현실에서 성직 매매는 오직 부자들만이 교회의 고위직을 차지할 수 있도록 보장한 제도임에 틀림없다. 그렇게 성직에 오른 자들이 결혼을 할 경우, 그들의 부와 권력을 고스란히 자녀들에게 물려주게 된다. 따라서 성직자들의 독신 제도를 강화하고 성직 매매를 금지하는 조항이야말로 교회를 개혁하는 첫 단계다.[59]

반대로 신성 로마 제국의 황제였던 하인리히 4세에게서 성직 임명권을 박탈하겠다는 교황의 의도는 앞서 헨리 2세와 토머스 베켓에서 보듯이 황제의 권력을 반으로 줄이겠다는 것이다. 봉건 제도의 최정점에 있는 황제가 성직자를 임명할 수 없다는 것은 치명적이었다. 그레고리우스 7세가 1075년에 위의 조항을 포함하는 「교황령 27조」를 발표했을 때 하인리히 4세는 이듬해 1076년 1월 24일에 독일에서 보름스 회의를 소집해 제후들과 함께 교황의 폐위를 선언했다.

찬탈로 왕이 되지 않고, 하나님의 거룩한 위임에 의해 왕이 된 나 하인리히는 교황이 아니라 거짓된 수도사인 힐데브란트에게 말하노라. 이것이 당신이 받을 만한 인사인 줄로 생각한다. 당신을 폐위하는 가장 분명한 사례를 들라 하면 당신은 주님으로부터 기름 부음 받은 성직자들을 감히 함부로 건드릴 뿐만 아니라 그들을 저주하고 학대했다. 당신은 모략을 통해서 부를 취하고, 부를 통해 호의를 얻고, 호의를 통해서 검의 힘을 얻고, 검의 힘을 통해 교황의 자리를 얻고, 교황의 자리를 통해서 교회를 이용했다.

(중략)

성 베드로는 이렇게 말했다.

"하나님을 두려워하며 왕을 존대하라 베드로전서 2:17."

그러나 당신은 하나님을 두려워하지 않고, 하나님이 세우신 나를 공경하지도 않는다. 하나님의 은혜로 왕이 된 나 하인리히는 모든 주교들과 함께 당신을 폐위하노니 어서 그 자리에서 내려오라.[60]

황제의 저항에 직면한 교황도 순순히 물러서지 않았다. 교황은 즉시 황제를 '파문'해 버렸다. 파문이란 단순한 출교의 문제가 아니다. 하나님으로부터 모든 관계가 단절됨을 뜻한다. 파문의 효과는 연쇄적인 것이어서 파문을 당한 사람과 관계를 가진 모든 사람들 역시 파문의 대상이 될 수 있었다. 이미 유럽의 제후들은 교황에 의해 황제가 대관식을 치르면서 얻게 된 신적 명분을 보게 되었으니, 파문이 의미하는 것은 황제의 몰락이었다. 보름스에서 황제를 옹위하던 제후들 사이에 서서히 균열이 생기기 시작했고, 마침내 황제에게 등을 돌렸다. 제후들의 지지와 충성을 잃어버린 황제는 허수아비나 다름없었다. 그레고리우스 7세는 하인리히 4세에 대해 파문을 결정하면서 다음과 같이 말한다.

> 나의 순결과 권위를 확신하면서 나는 전능하신 성부 하나님, 성자 예수님, 성령 하나님의 이름으로 선언합니다. '하인리히 황제의 아들 하인리히에게서 독일과 이탈리아 왕의 직위를 빼앗겠노라.' 나는 사도들의 으뜸이신 성 베드로의 권세로 교회의 영광을 보호하기 위해 이를 행합니다. 왜냐하면 그는 교회에 불순종했기 때문입니다. 그는 기독교인이면서도 마땅히 행해야 할 것을 따르지 않았고 하나님께로 돌아오지 않았으며, 하나님으로부터 멀어졌습니다.
>
> (중략)
>
> 그러므로 나는 그가 저주 아래 놓였음을 선언합니다. 하나님의 아들이 교회를 세우시고 그것을 감히 아무도 침범하지 못하도록 하신 것을 모든 사람들이 알 수 있도록 내가 베드로의 이름으로 하인리히 4세를 저주합니다.[61]

마침내 하인리히 4세와 그의 가족들은 1077년 1월에 친구 마틸다의 성에 머물던 교황 그레고리우스 7세를 알현하기 위해 찾아왔다. 눈밭에서 3일간 무릎 꿇고 교황의 용서를 구했던 사건이 바로 '카노사의 굴욕'이다. 황제도 교황도 자신의 주장을 피력하기 위해 성경

「카노사에서 3일을 기다린 신성 로마 제국의 하인리히 4세(Henry IV the Holy Roman Emperor waiting for 3 days in Canossa with his wife and child)」 1563년. 존 폭스(John Foxe)가 쓴 『행위와 기념비(*The Acts and Monuments*)』 중 삽화. 1077년 1월에 신성 로마 제국의 황제와 그의 가족들이 교황을 알현하기 위해 맨발로 눈밭에서 3일간 참회했던 그 현장이다.

을 인용했지만 성경에 순종하지는 않았다. 탐욕에 눈이 멀면 성경도 보고 싶은 대로 보게 마련이다. 14세기의 윌리엄 랭글런드는 다음과 같은 글을 남겼다.

> 많은 성직자들이 순결하지만 전적으로 사랑이 부족하다. 이 세상에서 성직자들보다 더 탐욕스러운 사람은 없다. 육체적으로 순결한 교구 신부들이라 해도 탐욕 아래 짓눌려 있고, 소유에 대한 욕망이 너무 강해서 그들의 머리에서 이를 떼어낼 수가 없다.[62]

개혁을 부르짖는 사람들이 중세에 등장했다. 어떤 성직자들은 결혼 문제에 연루되지는 않았지만 목자의 심정이 부족했다. 어떤 사람들은 탐욕을 제거하자고 소리를 냈지만 세습 문제가 그들의 발목을 붙잡고 있었다. 어떤 이들은 소유에 대한 집착에 사로잡혀 있었다. 이런 문제들은 카노사의 굴욕 사건과 토머스 베켓 살해 사건에서도 예외는 아니었다. 황제의 입장도 그럴 듯하고, 교황의 입장도 그럴 듯했다. 털어서 먼지 안 나는 사람은 없다. 무조건 남의 잘못만 들먹이는 싸움은 끝이 나지 않고 결국 진흙탕으로 가게 마련이다. 윌리엄 랭글런드의 표현처럼 누구나 다양한 결함을 갖고 있다.

11세기의 개혁이 우리에게 속삭이는 메시지는 진정으로 개혁을 원한다면 '비난'이 아닌 '비판'으로 가야 한다는 것이다. 비난은 공멸로 가는 지름길이다. 즉 적절한 비판과 대안을 통해 회복으로 나아가는 것이 개혁의 취지다. 아우구스티누스와 보이티우스는 중세인들에게 철학적 기준을 제시했으며, 시대를 초월한 보편적인 기준은 성경이었다. 그레고리우스 7세가 외쳤던 개혁이 윤리적인 부분이었다면, 그와 동시대의 개혁자 페트루스 다미아니Petrus Damiani가 외쳤던 개혁은 '복음'으로 돌아가는 것이었다. 이것이 개혁을 외치는 자들의 궁극적 목표다.

존경하는 교황니콜라우스 2세 성하께서 그리스도를 대리하시고, 사도들로부터 영광스러운 목자의 직분을 이어받으셨다면, 부디 이런 영적 전염병이 확산되지 않도록 해 주시고 급속히 스며드는 불순물을 제거해 주시기를 간청합니다. 이 전염병은 암처럼 무섭게 퍼져 나가고 있으며, 그 독성이 끊이지 않고 확산되고 있습니다. 이 죄악을 끊어낼 수 있는 방법은 오직 '복음'으로만 가능합니다.[63]

3장

성직자의 이야기_ 약자들에게 대처하는 방법

연도	중세 교회사	세계사
476년	서로마 제국의 멸망 (오도아케르의 침공)	비잔틴 제국의 제노가 황제 자리를 수복
962년	오토 대제의 대관식과 신성 로마 제국의 출범	비잔틴 제국이 알레포 점령
1077년	카노사의 굴욕 사건	셀주크튀르크의 니케아 점령
1095년	우르바누스 2세의 십자군 연설 (1차 십자군 시작)	클레르몽 공의회 소집
1170년	토머스 베켓의 순교	고려의 무신 정변
1179년	3차 라테란 공의회와 피에르 발도의 사역 시작	프랑스 왕 필리프 2세의 즉위
1184년	베로나 종교회의	프리드리히 1세의 6차 이탈리아 원정 시작
1190년	요크에서의 유대인 학살	3차 십자군 원정 시 프리드리히 1세 익사
1199년	인노켄티우스 3세의 토착어 성경 번역 금지	잉글랜드 왕 리처드 1세의 사망
1209년	알비 십자군의 베지에 학살	인노켄티우스 3세의 잉글랜드 존 왕 파문
1215년	4차 라테란 공의회 (고해성사 의무화)	인노켄티우스 3세가 「마그나카르타」 무효 선언
1255년	알비 십자군의 케피뷔스 성 습격	잉글랜드에서 유대인 박해의 재개
1384년	존 위클리프의 사망과 롤라드파 형성	리투아니아 내전 종식
1387년	제프리 초서의 『캔터베리 이야기』 출간	헝가리 룩셈부르크 왕조의 시작
1453년	동로마 제국의 멸망 (오스만 튀르크의 침공)	백년 전쟁의 종결

「농부들의 춤(The Peasant Dance)」 피터르 브뤼헐. 1567년. 소나무 패널에 유화. 114x164cm. 미술사박물관. 빈. 피터르 브뤼헐은 누구보다 약자의 입장을 대변했던 화가다. 교회 봉헌 축제에서 농민들과 가난한 사람들은 자유롭게 축제를 즐기고 있다. 먼 곳에서는 교회의 종탑이 보인다. 교회는 이렇게 하지 말고, 저렇게 하지 말라고 간섭한다. 심지어 남의 속옷 사정까지 간섭하며 고해성사를 강요하는 교회는 이미 농민들의 마음에서 멀어져 있다. 부디 잔소리하며 설교로 쏘아대기보다 민초들의 헐벗음을 이해해 주길 바라는 마음이 담겨 있는 그림이다.

이들성직자은 거머리처럼 두 개의 혀를 가졌음을 보여줄 때에는 마치 하나님이라도 된 양 뻐기면서 라틴어 연설문 군데군데–비록 그것이 있을 자리가 아닌데도– 헬라어 토막들을 장식처럼 엮어 넣는 게 대단한 일인 것처럼 떠들어 댑니다. 또한 이들은 외국어가 부족해지면 낡아 빠진 책에서 전혀 알지 못할 이런 낱말 네다섯 개를 오려 내어 연설문설교에 엮어 넣습니다. 왜냐하면 이를 이해 못하는 사람들은 이해 못하는 만큼 더 큰 경외심을 표하게 될 것이기 때문입니다.

더욱 놀라운 것은, 상당수 종교인들은 앞뒤가 전도되어 예수 그리스도에 대한 심각한 비방은 쉽게 참아 넘기면서도 교황이나 군주에 대한 가벼운 농담에는 발끈하고 자신들의 일용할 양식과 관련되었을 때에는 그보다 더 화를 낸다는 사실입니다.[64]

성직자들이 알려 주는 꿀팁

이제 타바드 인에서 성직자들이 입을 연다. 그곳에 모인 성직자들의 신분은 다양하다. 교구 사제, 면죄부 판매사, 소환리召喚吏, Apparitor, 탁발 수도승 등 여러 분야의 종사자들이지만, 모두 성직자 신분이다. 이들의 공통점은 모두 설교로 먹고 산다는 것이다. 이들에게 설교란 대중과 자신을 구분 짓는 수단이자 자신들의 목적을 이루는 좋은 도구이다.

성직자들은 제프리 초서에게 자신들만의 노하우를 털어놓는다. 성직자로 있으면서 발견한 꿀팁을 알려 주기 시작한다. 꿀팁의 전략은 민중들로부터 최대한 많은 돈을 뽑아내는 것이며, 전술은 그들과 자신들을 멀찌감치 떨어뜨려 놓는 것이다. 전술에 사용되는 것은 라틴어와 헬라어다. 설교할 때 이런 단어를 쓰면 자신들도 못 알아먹지만 그것을 듣는 청중들은 경외감을 가지고 쳐다보게 된다. 즉 성직자들은 무지한 대중들로부터 범접할 수 없는 수준으로 도약하기 시작한다. 에라스무스도 그 효과를 톡톡히 봤던 것 같다.

두 번째 꿀팁은 음성 변조다. 설교를 할 때에는 평상시에 쓰는 톤을 사용하면 안 된다. 가급적 호소력이 생기는 목소리를 골라야 한다. 떨림 효과를 주면 더 호소력이 생긴다. 그래야만 사람들은 그것을 하나님의 음성이라고 믿기 때문이다. 특히 여성들에게 잘 먹히는 방법을 알려 주자면, 한 번 '울컥하는' 시늉을 해 보시라. 효과는 만점이다. 왜 하나님보다 돈을 더 사랑하느냐고 핏대를 세우면 대세는 기울었다. 이 정도면 누군가는 손수건을 꺼낸다. 그런 분위기에서도 멀쩡한 사람이 있다면 그는 믿음 없는 사람이다. 이제 액수만 정하라. 헌금을 바칠 준비는 끝났다. 기승전 '헌금'이다.

여기까지는 기본이다. 수동적인 방법을 넘어 적극적인 공세를 취해 보자. 1단계는 자판기다. 헌금을 바치는 액수에 따라 갑절의 축복을 준다고 해 보라. 뭐, 아무렴 어떤가? 설교자에게 손해 볼 일은 없다. 축복의 유통 기한은 없으니까 말이다. 언젠가 나타난다고 하면 어쩌겠는가? 2단계는 좀 더 대담한 방법이다. 이것은 면죄부 판매사들이 즐겨 쓰는 전략인데, 명단과 금액을 공개하라. 여기에 넘어가지 않을 사람은 없다. 헌금의 액수에 따라서 사람들의 서열이 정해지기 때문이다. 집과 전답도 팔아서 바칠 것이다. 어차피 성직자들과 청중들은 사람의 행실을 고치거나 죄를 용서해 주는 것에는 피차 관심이 없지 않은가? 우리의 관심은 돈이고, 저들의 관심은 축복이니까.

수석 사제, 부주교, 주교의 사절들 모두에게 은화를 주어 간통, 이혼, 비밀 고리대금업 등과 같은 우리가 지은 죄를 묵인하게 하고, 그들이 방문

> 할 때 주교를 데려가게 하라. 사도 바울의 추종자 중 믿음직한 친구들이 나를 도울 것이고, 민법이 법원에서 변호하는 것을 도울 것이다. 그러니 주교의 관리에게 마구를 채우게 하라. 그가 우리의 마차를 끌고 우리가 먹을 음식을 간통자들에게서 구해 올 것이다.[65]

헌금에 따라서 신자들에게 전하는 메시지는 달라진다. 헌금이 많아지면 사람들이 무슨 짓을 하든지 성직자들은 묵인하고 축복을 할 것이다. 그 반대의 경우라면 회개하라고 윽박지르게 된다. 성직자들을 움직이게 만드는 것은 돈이다. 그것만 있으면 사람들이 지옥에 있다 해도 끌어올릴 태세다. 설교할 때에는 위엄 있게 서서 목을 쭉 빼고 청중들을 바라보라. 그들의 마음속에서는 '얼마를 바칠 것인가' 하는 갈등의 폭풍이 몰아칠 것이다. 그리고 언제나 마무리는 성가로 끝내라.[66]

이것이 제프리 초서에게 귀띔해 준 성직자들의 관행이었다. 헨리 2세 당시를 배경으로 한 민담인 로빈 후드 이야기에서도 결코 이와 다르지 않다.

> 로빈 후드는 누가 오는지 지켜보았다. 점잔 빼는 분위기에서부터 예상할 수 있듯이 역시 그들은 높은 직위의 성직자들이었다. 그들의 옷차림은 그야말로 눈이 부셨다. 최고급 비단과 순금 목걸이를 비롯해 대머리를 감춘 검은색 벨벳 모자는 보석으로 장식했고, 발등 부분은 금실로 십자가 모양이 수놓아져 있었다.

(중략)

로빈 후드는 그처럼 화려한 보석과 비단옷으로 온몸을 휘감은 대주교 일행이 은종을 딸랑딸랑 울리며 다가오는 모습을 씁쓸한 표정으로 바라보며 생각했다.

'성직자라고 하기엔 너무나 화려한 차림이군. 정도가 지나쳐도 너무

「큰 물고기가 작은 물고기를 먹다(Big Fish Eat Little Fish)」 피터르 브뤼헐. 1556년. 잉크화. 215×302mm. 알베르티나 박물관. 빈. 16세기 작품이지만 중세로부터 그 시대까지 만연했던 약육강식의 탐욕 넘치는 사회의 모습을 풍자한 그림이다. 교회 역시 예외는 아니었다. 교회는 부를 늘리는 수단으로 설교라는 도구를 활용했다.

지나쳐. 설마 수호성인께서 금 목걸이를 두르고 비단옷으로 온몸을 휘감으라고 가르치지는 않으셨을 텐데 말이야. 저게 모두 가난한 서민들이 피땀 흘려 번 돈을 빼앗아서 꾸민 것일 텐데….'[67]

이단에 대처하는 방법

1077년 카노사의 굴욕 사건과 1170년 토머스 베켓의 순교는 교회가 사회에서 확실한 중심 세력이 되었음을 알려 주는 계기가 되었다. 교황 인노켄티우스 3세Innocentius III를 전후로 교황과 교회의 세력은 정점에 올랐다. 더 이상 교황이 황제에게 굽신거릴 필요가 없었다. 위치는 이미 뒤바뀌었으니까. 교황 인노켄티우스 3세가 황제와 교황권에 대해 쓴 글에서 이렇게 표현하고 있다.

> 하나님께서는 궁창에 두 개의 광명을 창조하셨다. 낮을 주관하는 큰 빛과 밤을 주관하는 작은 빛이다. 하나님은 가톨릭교회의 궁창에도 두 개의 빛을 창조하셨다. 하나는 영혼을 주관하는 빛이요, 다른 하나는 육신을 주관하는 빛이다. 이것은 바로 교황과 황제를 비유하는데, 달은 해의 빛을 반사하면서 광채를 내는 것이므로 황제는 교황의 권위에 의존적일 수밖에 없도록 하나님이 섭리하신 것이다.[68]

인노켄티우스 3세 때에 교황은 무소불위의 권력을 갖게 되었다.

대항하는 세력들을 제거하기 위한 준비를 하나씩 갖춰 나갔다. 종교 재판소를 설치해서 교회에 반항하는 세력들을 제거했다. 종교 재판소의 성직자들은 교황 직속이라 대주교의 권한으로도 막을 수 없는 막강한 권력자들이었다. 즉 교황은 고발과 자백만으로 평범한 사람을 사탄으로 만들 수 있는 힘을 가졌다. 그들로부터 몰수한 재산은 덤이었다. 13세기 교황의 세력이 극에 달한 것은 역설적이긴 하지만 사탄 덕분이었다. 교회의 권위에 맞서는 자는 누구든 사탄으로 치부해 버리면 그만이었다. 생각이 이상하면 사탄의 궤계에 빠진 것이고, 조금만 말을 안 들으면 사탄의 유혹 때문인 것이다. 그런 자들은 누구든지 종교 재판의 잠재적 용의자로 소환될 수 있었다. 심지어 교회의 권위조차도 성경의 권위와 동등하게 놓았고, 1214년 공의회에서는 교황은 무오無誤하다고 결정하기에 이르렀다.[69]

이것이 타바드 인에 모인 사람들을 둘러싼 환경이자 세계이며 진리였다. 어느 누구도 이런 현실에 맞설 수 없었다. 그러나 타바드 인에 모인 성직자들도 한 번 정도는 들어 봤을 법한 인물이 있었는데, 옥스퍼드 학장 출신의 존 위클리프John Wycliffe다. 타바드 인에 모인 시기가 1383년 무렵이고, 위클리프가 죽은 것이 1384년이니 이 사람들도 위클리프의 영향력은 접했을 것이다. 위클리프는 성경을 자국민들이 읽을 수 있도록 영어로 번역했기 때문이다.

> 성직자들은 하나님의 법을 영어로 번역하여 무지한 사람들에게 알게 하는 것을 이단이라고 말하고 있다. 그러나 무엇보다도 하나님의 법에 관한

존 위클리프 종교개혁의 샛별 위클리프가 만년에 목회를 한 루터워스(Lutter-worth)의 성 메리 교회에서는 그가 민중들에게 복음을 전한 흔적들을 엿볼 수 있다.

> 지식은 가장 잘 알려진 언어로 가르쳐져야 한다. 왜냐하면 이 지식은 곧 하나님의 말씀이기 때문이다.
>
> (중략)
>
> 「주기도문」이 마태복음의 일부이지만 영어로 번역해서 암송했다면 복음서의 모든 부분을 「주기도문」처럼 영어로 번역하지 못할 이유가 무엇인가? 성경을 번역하면 성직자들은 자신들의 죄가 알려지고 그들이 제재를 받게 될 것을 두려워한 나머지 성경이 영어로 번역되는 것을 반대한다는 것이다.
>
> '주님, 영주들과 주교들의 마음을 움직이시어 하나님의 법을 밝히 알게 하기 위한 일성경 번역을 찬성하게 하소서!'[70]

위클리프는 성경을 번역해서 민중들에게 하나님의 말씀을 알리기 원했다. 그러나 그의 글에서 보는 바와 같이 당시 성직자들은 자신의 무지함이 드러날 것을 염려하여 스스로 성경을 독점했다. 그들은 위클리프를 이단으로 파문했고, 그가 죽은 지 30년이 지난 후에도 그의 무덤을 파헤쳐서 유골을 화형에 처하는 만행을 저질렀다. 비록 위클리프는 1384년에 사망했지만, 그가 번역한 성경에 눈을 뜨기 시작하면서 그를 추종하는 무리들이 생겨났다. 그들은 롤라드파Lollards로 불렸는데, '롤라드'는 의성어로서 '중얼거린다'는 의미다. 종전까지는 성직자들이 가르쳐 준 내용만 전해 들었는데, 위클리프가 번역한 성경을 보면서 스스로 중얼거리며 읽고 기도할 수 있었기 때문이다. 위클리프가 죽은 지 10년 후인 1395년에 롤라드파는 조직화된 집단으로 발전했다. 그러나 그들을 기다리는 것은 이단이라는 낙인과 함께 가혹한 박해였다. 그럼에도 진리를 발견한 롤라드파 사람들은 다음과 같은 결의문을 채택하게 된다.

> 그래서 우리는 완전히 고장이 나 있는 교회를 가장 최초의 완전함으로 개혁하기 위해 하나님의 최상의 선하심을 요청하는 것이다.[71]

위클리프는 체코의 후스Johannes Huss와 독일의 루터가 종교개혁을 일으킬 수 있도록 영향을 주었으므로 '종교개혁의 샛별'이라고 불린다. 제프리 초서 당시에 롤라드파는 여전히 이단으로 인식되었다.

> 여관 주인이 대답했다.
>
> "어이쿠! 신부님, 거기 계셨소? 어쩐지 롤라드 냄새가 난다 했소. 이 롤라드가 우리에게 한바탕 설교를 하실 모양이오."
>
> 선장이 말했다.

"안 되오. 여기서 설교는 사절이오. 복음서를 풀이하면서 우리를 가르치는 것도 안 되오. 우리는 모두 위대한 하나님의 존재를 믿고 있으니까 말이오. 하지만 롤라드는 우리의 깨끗한 밀밭에 나쁜 씨를 뿌려 잡초를 심으려고 하거든."[72]

위클리프가 영어로 성경을 번역한 것은 이미 200년 전 남프랑스의 성경 번역에서 영향을 받았기 때문이다. 종합해 보자면 남프랑스에서 성경을 프랑스어로 번역하고 활발하게 복음이 전파될 때 로마 교황청은 세력을 극대화하고 종교 재판소를 만들어서 이런 세력들을 탄압했던 것이다. 이것이 교회가 이단에 대처하는 방법이었다.

예수 그리스도의 사도들이었던 신약성경의 저자들은 사람들에게 더 잘 알려질 수 있는 다양한 언어로 성경을 썼다. 또한 모든 방해에도 불구하고 프랑스는 라틴의 참된 학자들과 함께 프랑스어로 성경을 번역했다. 영국인들은 왜 그렇게 못하는가?[73]

위클리프보다 200년 전에 프랑스 리옹의 상인이었던 피에르 발도Pierre Valdo는 1175년 무렵에 회심을 했다. 삶의 가치관이 완전히 바뀐 그는 모든 소유를 나눠주고, 청빈한 삶과 복음 설교를 통해 그리스도를 닮으려고 노력했다. 그는 신약성경을 프랑스어로 번역해서 복음을 전하기 시작했다. 남프랑스에서 프랑스어 성경이 급속히 확산되었다. 발도의 가르침이 큰 영향력이 있었던 것은 성경을 기반으로 했기 때문이다. 그런 까닭에 교회가 지정한 이단을 되려 진리라고 확신했고, 부패한 교회를 악으로 인식했다. 그 확신의 힘은 성경에서 나왔다. 남프랑스에서는 발도파vaudois 외에도 여러 종파들이 생겨났다. 분파들마다 약간씩 다르긴 하지만 공통점이 있다면 구원은 고행이나 금욕이 아닌 그리스도에 대한 믿음이라고 확신했으며, 청빈한 삶을 추구했다. 남프랑스의 어떤 분파도 축재에 마음을 두지 않았고, 권력 주변을 서성이지도 않았다. 이 분파들을 가리켜 '기쁜 소식을 전하는 음울한 사람들'이라고 표현했는데,[74] 복음은 기쁜 것이나 삶은 절제로 나타났으니 이런 표현이 공감될 수 있었다.

하지만 교회는 남프랑스를 종교적으로 대처하지 않고 정치적으로 진압했다. 그들이 교황청을 가리켜 '바빌론의 매춘부'라고 했으니, 이들은 속히 진압해야 할 괘씸한 '이단'들인 셈이다. 만일 교회가 이들을 종교적으로 문제 삼았다면 어떤 명분으로 처리했을지 사뭇 궁금하다.

흥미로운 점은 남프랑스에서 귀족들과 여성들의 지지가 압도적

발도파의 흔적 프랑스 남부 메렝돌(Merindol)이라는 작은 마을에 발도파의 흔적이 남아 있다. 피에르 발도의 영향을 받은 발도파들은 극심한 박해를 피해 프랑스 남부 오지에 있는 알프스 산속으로 들어가 신앙을 지켰다. 이곳에는 발도파가 머물렀던 흔적이 여전히 남아 있다.

으로 많았다는 것이다. 선뜻 귀족들과 여성들이 부를 내려놓고 청빈의 삶을 자원했다는 것이 이해되지 않는다. 발도파는 귀족들에 대해 헌금을 바칠 대상이라거나 정치적으로 뒷받침해 줄 세력으로 인식하지 않았다. 또 여성들은 기존 교회에서 역할이 제한되고 종속적인 존재였던 반면, 남프랑스에서는 남성과 동등한 가치를 지닌 존재였다.[75] 결국 교황은 발도파를 진압할 빌미를 모색했는데, 교회의 허가 없이 성경을 가르쳤다는 점, 그리고 성직자를 하나님과 인간 사이의 중재자로 인정하지 않은 점을 근거로 이단으로 규정했다.[76] 교회가 남프랑스를 진압하는 단계는 다음과 같았다.

1179년	교황 알렉산데르 3세	성경을 프랑스어로 번역해서 가르치던 발도파의 설교를 금지했다.
1184년	베로나 종교회의	교황 루치오 3세는 신성 로마 제국 황제의 도움으로 칙령을 발표했는데, 가톨릭 교리에 위배되는 가르침이나 사상을 고수하고 성경에 집착하는(bible-loving) 모든 사람들은 '이단'으로 간주하여 파문하고 화형에 처하도록 했다.
1199년	교황 인노켄티우스 3세	교황은 시편과 복음서 및 바울 서신서를 프랑스어로 번역한 행위를 정죄했다. 또한 성경을 배우려는 '사악한 목적(reprehensible purpose)'으로 이루어지는 집회들을 금지했고, '토착어(vernacular translations)'로 번역된 모든 번역 성경들을 소각 처리하도록 명령했다.

이 당시 프랑스의 북부와 남부는 환경이 서로 많이 달랐다. 북부가 교황에게 우호적이었다면 남부는 부유한 상인들과 농민들이 많

았다. 발도파의 성경 보급으로 인해 북부와 남부는 확연한 차이를 보였다. 496년에 클로비스가 파리를 중심으로 교황의 권력을 등에 업고 프랑크 왕국을 건설했고, 1095년에 교황 우르바누스 2세Urbanus II는 십자군 운동을 일으켰다. 교황이 십자군 운동과 같은 활동을 더 많이 하기 위해서는 세수의 확보가 필요했다. 그런데 북부 권력자들에게 있어서 남부는 그저 좋은 납세자들이었다. 상인과 농민으로 이루어진 남부를 '털면' 막대한 재원을 탈취할 수 있었다. 앞에서 보는 바와 같이 1179년부터 1199년까지 교황은 '하나님의 이름으로' 이단 세력을 제거할 명분을 착실히 만들고 있었다.[77] 1181년에 클레르보 수도원에서는 이단들에 대한 군사적 공격까지도 합리화했다.

모든 준비를 마쳤다. 12세기 후반은 이미 십자군 운동이 한창 전개되는 시점이었다. 1209년에 북부 프랑스를 중심으로 남부의 이단들을 제거할 병력을 모았고, 교황은 이들에게도 '십자군'이라는 명칭을 주었다.[78] 교황은 십자군에 참가하는 자들에게 천국행을 보장하는 면죄부를 발행했고, 남프랑스를 진압하면 얻게 될 전리품도 허가했다. 재산 분배도 친절하게 설명해 주었다. 남프랑스인들의 재산을 탈취하면 3분의 2는 담당 성직자가 차지하고, 나머지는 세속 군주들의 몫으로 돌아가는 '합의'가 이루어진 것이다. 이들의 칼날을 피해 발도파는 알프스 산속으로 숨었고, 발도파에 영향을 받은 알비파Albigenses에 대한 대대적인 학살이 자행되었다. 이단이 아닌 정통 기독교 신자들도 이단으로 간주해서 살육했다. 그들의 본심은 이단 제거가 아니라 재산 탈취에 있었기 때문이다. 1209년에 있었던 비극에 대해 16세기 역사학자 존 폭스John Fox는 이들을 순교자로 기록하면서 그들이 겪은 참담한 상황을 생생하게 묘사했다.

알비 십자군이 베지에Beziers를 포위했다. 베지에의 도시 지도자는 교황의 특사에게 나아가 공격을 중단해 달라고 간청하면서 베지에에는 카타리파Cathares뿐 아니라 교황을 추종하는 가톨릭교도들도 많다고 했다. 그러나 1209년 7월 22일에 교황의 특사는 베지에에 있는 모든 사람들을 살해할 것을 명령했다.

"죽여라. 남자든, 여자든, 어린아이든 남기지 말고 모두 죽여라. 가톨릭교도들도 죽여라. 그들이 죽더라도 하나님은 자기 백성들을 구별하실 것이다."

이날 카타리파를 비롯해 탐욕의 칼날 아래 죽은 사람만 6만 명이 넘었고, 온 도시는 피로 시냇물을 이루었다. 카타리파는 부지하기 어려운 자신의 생명을 구걸하느니 차라리 신앙을 버리지 않겠다고 결심했다. 그들은 스스로 믿음을 위해 죽을 때 하나님이 영광을 받으신다면 이는 큰 기

성 마리아 막달레나 교회(The church of Saint Mary Magdalene) 프랑스 남부 베지에에서는 끔찍한 살육이 벌어졌다. 교회가 주도한 학살로 이 도시에서만 6만 명이 목숨을 잃었다. 이 평화로운 예배당도 도살장이 되었는데, 약 7천 명의 사람들이 이곳에서 학살당했다. 이 학살은 누구를 위한 것이며, 진짜 이단은 누구인가?

뿐이자 명예이며, 또 몸밖에 죽이지 못하는 교황보다 몸과 영혼을 함께 멸하시는 하나님을 두려워한다고 고백했다.[79]

당시 자행된 폭력의 명분은 '이단 제거'였고, 목적은 교회를 정화시키고 보호하는 것이었다. 그러나 끊임없이 발견된 자료에 따르면 그들의 목적은 재산 탈취였고, 그 지역에서 군림하는 것이었다. 툴루

케피뷔스 성(좌)**과 성에서 본 전경**(하)
남프랑스 피레네 산맥에 위치한 성. 알비파가 최후까지 이곳에서 신앙을 지켰다. 그러나 1255년에 이곳까지 알비 십자군이 들이닥쳐서 학살을 자행했다.

즈, 알비, 카르카손, 베지에 등 주요 도시들이 피로 물들었다. 그 도시들에 대한 소유는 교회의 몫이 되었다. 사람들은 신앙의 자유를 찾아 산속으로 들어갔다. 해발 728미터의 산속에다 성채를 짓고 신앙을 지켰다. 하지만 1255년에 이곳 케피뷔스 성Chateau de Queribus을 습격한 알비 십자군들에 의해 마지막 남은 생명까지 철저히 유린당했다. 과연 하나님의 영광은 무엇일까?

유대인들과의 대화

'살인하지 말라'는 계명을 지키는 기독교도들이 이단들을 무참히 학살할 수 있었던 비결은 그 행위가 '하나님의 영광'이라는 명분을 교회에서 제공했기 때문이다. 1179년에 있었던 3차 라테란 공의회에서는 교회를 거룩하게 하기 위해 이단들을 포함한 유대인, 이슬람교도, 이교도 등에 대한 조항을 체결했다.

3차 라테란 공의회 제 26조

유대인과 사라센이슬람인은 기독교도를 하인으로 둘 수 없다. 만일 그럴 경우 파문에 처한다. (중략) 유대인은 인도적 차원에서 마땅히 기독교도에게 종속되어야 한다. 만약 유대인이 기독교 신앙으로 회심한다면 그들의 재산은 보호를 받을 것이다.

3차 라테란 공의회 이후 교회는 이단들에 대해 합법적으로 폭력을 사용할 수 있는 명분을 얻었다. 그것은 교회를 보호하기 위함이었다. 특히 눈여겨볼 것은 27조에서 이단들과 동등한 범주 안에 유대인과 이슬람교도뿐 아니라 나병환자, 동성애자, 마녀 등이 망라되어 있었고, 이들에 대한 무력 사용이 허가된 점이다. 유대인들에 대한 처벌이 정식으로 체결된 것이다. 이어지는 1215년의 4차 라테란 공의회에서는 유대인들에게 구별을 위한 표식을 달게 할 것을 공표했다.[80] 제2차 세계대전 당시 나치 독일이 유대인들에게 노란색의 별을 달게 한 기원이 된 셈이다.

유대인들은 금융업에 종사하는 사람들이 많았다.[81] 말이 금융업이지, 엄밀히 말하면 고리대금업이었다. 그러다 보니 사회에서 많은 사람들이 유대인들에게 일정한 채무를 갖고 있었고, 그들은 늘 불편한 존재였다. 1095년부터 시작된 1차 십자군 원정에서 유대인들이 학살의 표적이 되었을 때부터 기독교도에게 있어서 유대인은 예수를 죽인 악마의 후손이 되었다. 유럽에서는 유대인 채권자들에 대한 폭력이 늘어나기 시작했다.

영국의 사자심왕 리처드 1세Richard I the Lionheart는 성지를 탈환하기 위해 십자군 원정에 올랐다가 포로가 된 후 막대한 몸값을 지불하고 풀려났다. 이로 인해 영국에서는 강도 높은 세금 징수가 이어졌는데, 세금이 많아질수록 채무도 늘어나게 마련이었다. 영국에서도 유대인들은 폭넓은 채무자들을 두고 있었다. 채무자들이 빚을 탕감 받는다면 그것을 하나님의 은혜로 여기지 않았을까? 십자군은 기독교도들에게 빚을 탕감해 주는 '은혜'의 기회를 제공했다.

요크York 대성당은 중세를 대표하는 고딕 양식의 건축물이며, 요크의 성 메리 사원은 가장 부유한 수도원이었다. 성벽으로 둘러싸인 요크는 곳곳마다 중세의 흔적을 느낄 수 있는 곳이다. 그 요크에서 1190년 3월에 유대인들에 대한 학살이 일어났다. 교회는 요크 시민들에게 이렇게 외쳤다.

> 영국 시민들이여! 우리의 아들들이 성지에서 거룩한 싸움을 하며 피 흘리기만 하면 뭘 하오? 먼저 저 악마의 자녀들유대인을 처단해야 할 것 아니오? 저들은 우리 주 예수 그리스도를 죽인 족속들이며, 우리를 파멸시키는 기생충들이오.[82]

교회의 지침에 따라 요크의 하나님의 자녀들은 택함 받은 선민들을 공격했다. 군중들은 유대인을 닥치는 대로 학살했고, 경찰은 그 만행을 묵인했다. 왜냐하면 모두가 유대인에게 채무자였기 때문이

요크 영국에서 가장 중세다움을 자랑하는 요크에서는 요크 민스터와 성벽과 같은 중세의 흔적들이 간직되어 있지만, 중세의 눈물도 느낄 수 있다.

다. 그들은 요크 대성당 앞에서 부채 문서를 소각하고 탕감의 은혜를 누렸다! 그렇게 채무 관계가 깔끔하게 청산되었다. 시민들의 광기에 두려움을 느낀 유대인들은 클리포드 타워Clifford Tower로 들어가서 안에서 문을 잠갔다. 잔인하게 학살당하느니 차라리 스스로 죽는 길을 택했다. 군중들은 불에 타고 있는 유대인들을 내버려두지 않고 빼내어 밖에서 잔인하게 학살했다. 교회는 그렇게 유대인들의 기억에 남았다. 유대인들은 과연 이런 교회를 통해 하나님의 영광을 볼 수 있을까?

자노는 유대인 친구에게 기독교도로 개종하기를 간청했다.

"자네는 내가 기독교도가 되어야 직성이 풀린단 말이지? 나도 그래 볼까 생각하는데, 그 약속을 하기 전에 나는 먼저 로마로 가서 자네가 말하는 그 하나님의 대리자라는 분을 만나 보고 그분의 품위와 태도 그리고 형제뻘 되는 추기경들의 품위와 태도를 직접 내 눈으로 보고 싶네. 그리고 자네의 말과 견주어 본 뒤에 자네가 나한테 들려주었듯 자네의 종교가 내 것보다 뛰어나다는 것을 알게 된다면 방금 말했듯 나도 기독교도가 되겠네."

이 말을 들은 자노는 매우 실망하며 속으로 혼자 중얼거렸다.

'이 사람을 개종시킬 수 있다면 좋겠는데, 그 고생도 물거품으로 돌아가려는가 보군. 로마 교황청에 가서 성직자들의 더러운 악덕 생활을 보게 된다면 기독교도가 되기는커녕 진작 기독교로 개종을 했더라도 다시 유대교도로 돌아가고 말 테니.'[83]

베네치아 『베니스의 상인』의 무대가 된 이탈리아의 베네치아. 근처에 유대인 게토가 있었고, 제2차 세계대전 당시에 유대인들을 탄압한 흔적도 볼 수 있다. 셰익스피어의 『베니스의 상인』에서는 당시 유대인들에 대한 기독교도들의 인식이 반영되어 있다.

중세 유럽은 끊임없는 타자화他者化의 연속이었다. 서로마는 로마제국을 비잔틴으로 불렀고, 교회는 성직과 세속직을 구분했다. 교회가 그어 놓은 기준에 따라 가지지 못한 자들은 교회의 타인他人들이 되었다. 타인들에게는 인격도, 눈물도 없었다. 강제로라도 회개하고 기독교로 돌아와야 할 사람들일 뿐이다. 설득이 안 된다면 지옥불로 다스려야 했고, 교회의 보호를 위해서 이단들은 제거되어야 했다. 이것이 당시 교회가 이들에 대해 가졌던 시선이다. 단 한 번이라도 그들의 입장이 되어 공감했더라면 어땠을까? 분명한 것은 타인은 악마의 자녀들이 아니라 교회가 정한 사람들이다. 교회가 보호해야 할 약자들이다. 그것을 셰익스피어도 말하고 싶었던 것 같다.

당신네 기독교도들은 나에게 망신을 주었고, 내 손실을 비웃고 이득은 조롱했지요. 또 나의 나라를 모욕하고 내 거래에 훼방을 놓았을 뿐만 아니라 내 친구들을 냉담하게, 적들은 흥분하게 만들었습니다. 이유가 뭐냐고요? 내가 유대인이기 때문이죠. 유대인은 눈이 없나요? 유대인은 손도,

기관도, 신체도, 감각도, 감정도, 열정도 없나요? 기독교도들과 같은 음식을 먹고 같은 무기로 상처를 입으며, 같은 병에 걸리고 같은 방법으로 치유되며, 여름과 겨울에도 똑같이 덥고 춥지 않냐고요? 당신들이 우리를 찌르면 피가 안 나올까요? 간지럼을 태우면 안 웃을까요? 독약을 먹으면 안 죽나요? 그런데 당신들이 우리에게 잘못하면 우리는 복수도 못하나요? 우리가 나머지 부분에서 당신들과 같다면 그것도 닮아야 할 겁니다. 유대인이 기독교도에게 잘못하면 당신들은 겸손하게 뭘 하죠? 복수하죠! 반대로 기독교인이 우리에게 잘못하면 당신들처럼 인내하나요? 복수해야죠. 당신들이 가르쳐 준 그 비열한 짓을 난 실행할 겁니다.[84]

「셰익스피어의 초상화 (Chandos portrait)」
존 테일러(John Taylor). 1610년. 캔버스에 유화. 55.2X43.8cm. 국립초상화미술관. 런던.

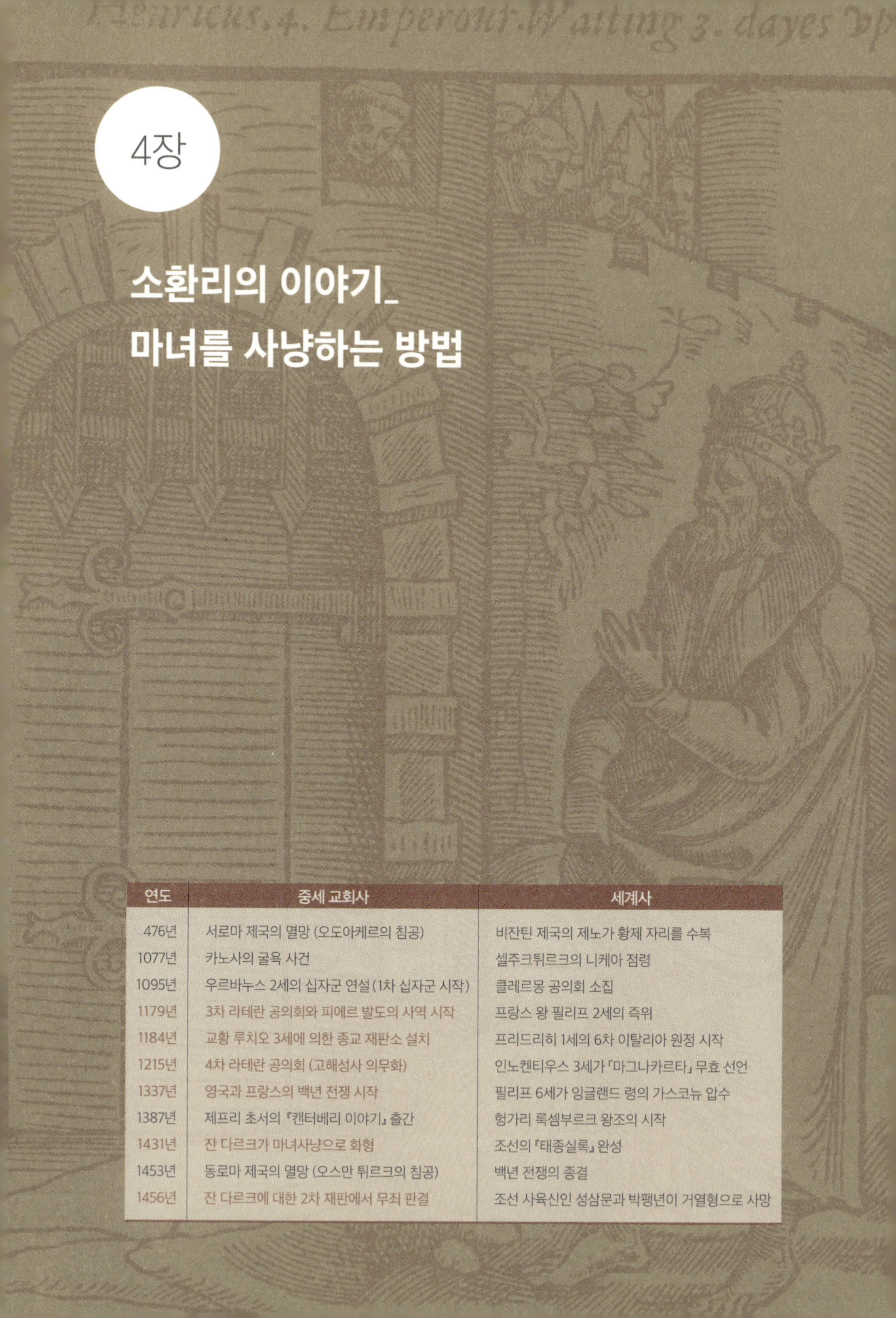

4장

소환리의 이야기_
마녀를 사냥하는 방법

연도	중세 교회사	세계사
476년	서로마 제국의 멸망 (오도아케르의 침공)	비잔틴 제국의 제노가 황제 자리를 수복
1077년	카노사의 굴욕 사건	셀주크튀르크의 니케아 점령
1095년	우르바누스 2세의 십자군 연설 (1차 십자군 시작)	클레르몽 공의회 소집
1179년	3차 라테란 공의회와 피에르 발도의 사역 시작	프랑스 왕 필리프 2세의 즉위
1184년	교황 루치오 3세에 의한 종교 재판소 설치	프리드리히 1세의 6차 이탈리아 원정 시작
1215년	4차 라테란 공의회 (고해성사 의무화)	인노켄티우스 3세가 「마그나카르타」 무효 선언
1337년	영국과 프랑스의 백년 전쟁 시작	필리프 6세가 잉글랜드 령의 가스코뉴 압수
1387년	제프리 초서의 『캔터베리 이야기』 출간	헝가리 룩셈부르크 왕조의 시작
1431년	잔 다르크가 마녀사냥으로 화형	조선의 『태종실록』 완성
1453년	동로마 제국의 멸망 (오스만 튀르크의 침공)	백년 전쟁의 종결
1456년	잔 다르크에 대한 2차 재판에서 무죄 판결	조선 사육신인 성삼문과 박팽년이 거열형으로 사망

간음한 여인과 그리스도(Christ and the Adulteress)」 피터르 브뤼헐. 17세기. 캔버스에 유화. 23.8X36.5cm. 알테 피나코테크. 뮌헨. 이 그림은 요한복음 8장에 기록된 간음한 여인을 표현한 것인데, 여러 가지로 생각하게 만든다. 여인은 간음했다기보다 기품 있어 보이며, 그녀를 심문하는 종교인들은 오히려 해골처럼 죽음이 드리운 얼굴이다. 예수는 바닥에 플랑드르어로 '죄 없는 자가 돌로 쳐라'라고 쓰고 있다. 브뤼헐은 주변 청중들의 반응을 그리고 있는데, 군중들은 이 여인에게 무관심하거나 애써 외면하려고 하고 있다.

상관인 부주교는 소환리[85]가 돈을 얼마나 버는지 세세히 알지는 못했다. 법적인 소환장도 없이 소환리는 무지한 자들을 파문에 처하겠다고 윽박지르기 일쑤였고, 그러면 이 어리석은 자들은 그를 술집에 초대해서 거나하게 대접하곤 했다. 창녀들도 기꺼이 그의 지갑을 채워 주었고, 마치 가룟 유다가 작은 지갑을 들고 다니는 도둑놈이었던 것처럼 이 소환리도 유다와 다를 바 없는 도둑이었다. 그가 말을 타고 어느 늙은 과부를 소환하러 나섰다. 아무 꼬투리나 잡아서 그 과부에게 돈을 뜯어낼 작정이었다.[86]

종교 재판소

성직자 중에서도 소환리는 말단 성직자다. 그러나 그를 접하는 것은 유쾌하지 않은 일이다. 그가 나서서 소환을 명령한다는 것은 잘못이 있을 때 소환을 통보한다는 의미이기 때문이다. 늘 악역을 담당하는 것이 그의 임무였다. 그래서 소환리로부터 소환 명령을 받은 사람들은 마음을 졸여야만 했다.

12세기 말에 교회는 이단과 이교도에 대한 태도를 분명하게 확립했다. 남프랑스의 이단을 진압하기 위해 종교 재판소가 그 기틀을 갖추기 시작했고, 교회는 스스로를 보호하기 위해 힘과 명분을 갖추고자 했다. 1184년에 교황 루치오 3세에 의해서 교구마다 주교들이 이단을 재판할 수 있는 종교 재판소의 형태가 나타나기 시작했다. 가장 강력한 교황이었던 인노켄티우스 3세는 1199년에 이단과 관련된 피의자를 종교범이 아닌 반역범으로 그 처벌을 강화했다. 이제 이단으로 낙인찍혀서 소환되는 사람들은 잘못된 교리를 전파하는 자들이 아니라 국가의 기강을 흔드는 반역자가 되는 것이다.

종교 재판소는 1215년 4차 라테란 공의회를 통해 역사 속에서 모습을 갖추게 되었다. 공의회에서는 모든 사람들이 반드시 사제에게 나아가 자백을 하고 회개하는 고해성사를 의무화시켰다. 고해성사를 하지 않는 사람은 이단의 가능성이 농후하다고 판단한 것이다. 이런 방식으로 교회는 사람들의 생활을 간섭하고 지배했다. 그리하여 자백·심문·고해성사가 갖춰졌다. 1231년에는 교황 그레고리우스 9세에 의해 각 지역에 종교 재판소가 설립되었고, 종교 재판관들은 '교회를 보호하기 위해서' 거침없이 권력을 휘두르기 시작했다.

종교 재판은 소환되기는 쉬워도 빠져나오기가 어려웠다. 의혹과 고발만 있으면 누구라도 이단의 피의자가 될 수 있었다. 그렇게 해서 소환되면 피의자들은 자신의 무죄를 증명해야 하는데, 그것은 불가능에 가까웠다. 우선 종교 재판소에서 피의자는 맹세를 했다. 맹세를 거부하는 것 자체가 스스로를 이단이라고 고백하는 것으로 간주되었다. 종교 재판소는 영적인 범죄를 가려내는 곳이지만, 죄를 가려내는 장치는 두 가지뿐이었다. 심문과 자백이 그것이다.

종교 재판소에서의 심문은 피의자를 판결하는 유일무이한 수단이었다. 이단인 경우에 피의자는 자신의 신앙을 떳떳하게 고백하고 처분을 받았다. 그러나 무고한 사람들이 소환된 경우에는 다르다. 그들은 자신의 결백을 입증하려고 하기 때문에 심문이 효력을 발휘할 수 없었다. 그래서 심문에 효과를 더하기 위해 고문이 정식으로 허가되었다. 피의자는 이제 이단이 되는 것이 두려운 게 아니라 고문이 더 두려웠다. 그런 까닭에 자신과 무관한 일까지 자백하는 경우가 발생했다. 고문의 공포 때문이었다.[87] 심지어 종교 재판소에서 유도하는 심문에 머뭇거림 없이 동조하는 사례도 있었다. 혹은 무조건 교회의 권위에 굴복하겠다고 고백해도 쉽게 풀려날 수 없었다. 그들이 고발되어 소환되었으므로 이미 그들의 영혼 속에는 사탄의 흔적이 남아 있다고 보았기 때문이다. 입술과 마음으로 충성과 헌신을 고백해도 지옥의 불로 영혼이 새롭게 되는 절차를 거쳐야 했다! 지옥의 불이란 화형을 통해 그들의 영혼이 정화되는 것을 말한다.

소환된 약자들에게 인권은 없었고, 재산은 몰수되었다. 간혹 풀려나는 경우도 있지만 이미 만신창이가 되어 소환되기 이전처럼 정상적인 삶을 살 순 없었다.

> 교회법 조항에 따라 파문 받은 사람들을 외면할 것을 명하며, 일 년 동안 파문의 상태에 있으면서도 뻔뻔스럽게 뉘우치지 않는 자가 있다면 그는 물리적인 수단을 통해 교회의 일치로 되돌아오게 만들 것이다. 이는 다른 사람들이 이단에 물들지 않게 하기 위한 조치다. 그러므로 일 년이 지난 뒤에도 여전히 회개하지 않는 사람들의 소유물은 빼앗을 것이고, 그들

종교 재판소 박물관과 고해성사 장면 중세의 성벽으로 둘러싸인 작고 예쁜 마을인 프랑스 남부 카르카손에 있는 박물관. 종교 재판소를 뜻하는 'Inquisition' 간판이 있고, 박물관 내부에는 차마 눈을 뜨고 볼 수 없는 잔혹한 장치들이 전시되어 있다. 종교 재판소는 고해성사를 통해 사람들을 통제하고, 교회를 보호한다는 명목으로 심문과 고문을 통해 자백을 받아냈다.

이 교회의 특별한 명령에 의해 용서를 받거나 교회에 만족을 줄 때까지는 절대로 소유물을 되돌려 주지 않을 것이다.[88]

교회는 사탄으로부터 보호하기 위해 이단 사상에 물든 사람이 없는지 점검했다. 이때 자백과 고발은 평소에 원한을 가졌던 사람들을 끌어들이는 좋은 수단이었다. 그런 식으로 신고가 된 사람들도 소환되었다. 이단을 동정하는 사람들도 같은 명목으로 처벌되었으니 종교 재판소에 소환된 사람이 생기면 어떻게 해서라도 자신과의 연관을 끊어야 했다. 브뤼헐의 「간음한 여인과 그리스도」에서도 그런 사회적 인식이 반영되었다. 소환된 사람과 애써 관계를 없애려는 청중들의 표정이 보인다. 그런데 브뤼헐은 소환된 여인을 고상한 모습으로 그리는 대신, 그들을 소환한 자들을 해골로 묘사하고 있다. 브뤼헐이 당시의 종교를 향해 던지는 메시지가 그림에 담겨 있다.

주목할 것은 발도파나 알비파, 유대인이나 이교도들은 사회가 정한 약자들이었다. 그럼에도 교회는 그들을 악마와 연관 지었다. 결국 교회 스스로도 이런 종교 재판이 비양심적인 악행임을 시인하게 되는데, 1252년의 종교회의에서 성직자들이 고문에 가담하는 것을 금지하는 의견이 제출되었다. 이단들을 기독교로 개종시키려는 마녀 사냥의 원래 취지와도 맞지 않고, 비도덕적인 행태라는 내부 자성의 목소리가 제기된 것이다.[89]

냉혹한 눈으로 보면 성서에는 진리가 없을지도 모른다. 당대의 학자들이 이렇게 나서서 마녀사냥을 학문과 연관 지어 옹호한 자체가 어리석음의 극치였기 때문이다. 시대가 바뀌어도 불변하는 것이 진리다. 성서의 해석 또한 마찬가지다. 시대에 따라 성서의 해석이 달라진다면 그것은 진리가 아님을 반증하는 것이 아닐까?[90]

움베르토 에코(Umberto Eco) 『장미의 이름』의 저자인 그는 중세 수도원에서 벌어진 일을 통해 우리에게 종교의 본질에 대한 성찰을 되새기고 있다.

교회의 횡포에 대해 이성적으로 재고해 볼 필요가 있다. 이런 종교적 문제를 소재로 한 소설 『장미의 이름』은 종교의 비양심·비도덕적 행태에 대해 되묻게 한다.

전에는 없던 일이었는데, 근자에 들어 설교자는 대중의 공포를 유발시키고 이로써 신앙심과 믿음에의 열의를 부추기고 있다. 인간의 법과 하나님의 법을 공히 준봉해야 한다는 것을 주장한답시고 공공연히 극언은 물론, 끔찍한 위협까지도 망설이지 않고 있다. 우리 시절에는 고행자 무리 사이에서 그리스도와 성모님의 슬픔을 노래하는 소리를 들을 수 없었고, 오늘날처럼 평신도의 신앙을 연단한답시고 지옥의 불길로 을러메는 일도 없었다.

오늘날만큼이나 참회라는 말이 난무하는 시대를 나는 알지 못한다. 설교자는 물론, 주교도, 엄격주의파 수도사들도, 진정한 의미에서 통회痛悔의 모범을 전혀 보이지 않는 시대인 데도 말이지.[91]

마녀사냥에 동참한 사람들

중세 사상에 기초를 제공했던 교부 철학자 아우구스티누스는 그의 저서 『신국론』에서 악령이나 사탄에 대한 언급을 하면서 귀신과 짝하는 자들에 대해서도 기록했다.[92] 그것은 동서고금을 막론하고 기독교도들이 사회를 해석하는 틀이 되었다. 교회의 싸움은 어둠의 세상 주관자들과 그 배후에 있는 악의 영들에 대항하는 것이라는 믿음이 그것이다 에베소서 6:12. 이런 틀은 기독교와 게르만 전통이 뒤섞이는 중세로 갈수록 더욱 심화되었다.

그리스-로마 신화에서는 모든 자연 현상의 배후에 신들이 있었고, 신전에서 신접하는 일들은 여사제들의 몫이었다. 고대 시대에도 아시리아나 바빌론의 민담 속에는 악령이 인간 속에 들어와서 빗자루를 타고 다니면서 날씨, 자연 재해, 환경, 질병에 영향을 미친다는 생각이 전해져 왔다. 게르만 사람들도 이런 사상에서 예외는 아니었다.[93] 이집트 문명을 포함한 이교도들에게 둘러싸인 유대인들에게도 이런 관념이 스며들었던 모양이다. 구약 레위기에서도 마녀처럼 보이는 신접하는 여인을 죽이라는 기록이 있고 레위기 20:27, 출애굽기 22장 18절에는 '마녀'를 살려 두지 말라는 기록이 있다.[94] 16세기 종교개혁자 마르틴 루터조차 마녀를 심문할 때 고문하는 것에 대해 긍정적으로 표현했다.[95]

이렇듯 고대 사람들은 신접한 여성들의 행위를 경험했고, 생활 속에 나타나는 일상의 현상 배후에도 악마가 있다는 관념을 가지고 있

고문박물관 독일 중부에 있는 작은 마을인 로텐부르크는 독일에서도 손꼽히는 관광 명소다. 온 마을 전체가 중세의 느낌을 간직하고 있다. 마을 안쪽에 위치한 고문박물관에는 마녀사냥에 대한 다양한 기록과 고문 기구들을 전시하고 있다.

었다. 게르만 전통의 중세인들 역시 자연스럽게 이런 미신적 사고방식을 가지고 있었다. 가령 뱃속에 가스가 차서 트림을 하는 것, 폭풍이 일어나는 것, 가축이 죽는 것 등을 악마의 소행이라고 믿었다. 심지어 장애를 가진 아기를 낳는 것까지도 그렇게 여겼다. 이런 생각으로부터 탄생한 실체가 '마녀'였다. 그렇다면 마녀가 등장한 배경은 전통적인 미신에서 비롯되었지만, 마녀의 '목적'은 액운을 책임질 대상이었다. 마녀는 일상에서 벌어지는 꺼림칙한 현상의 원인 제공자여야 했기 때문이다.

이런 마녀 사상에 대해 교회는 적절한 명분을 제시했다. 중세를 대표하는 신학자 토마스 아퀴나스Thomas Aquinas는 사람이 하나님의 형상으로 지음을 받았다는 것은 남자에게만 해당된다고 말함으로써 여성 혐오에 대한 근거를 제공했다.[96] 따라서 종교 재판소라는 제도적 장치와 명분 그리고 사상적 근거까지 확보한 마녀사냥은 15세기부터 본격적으로 시작되었다. 아퀴나스부터 루터까지 수많은 천재 학자들과 개혁자들이 존재했지만, 마녀사냥에 대해 반성하거나 제동을 거는 움직임은 많지 않았다. 가톨릭뿐만 아니라 종교개혁 이후의 개신교에서도 마녀사냥을 긍정했던 것을 보면 구교든 신교든, 교회가 지배자의 위치에 서 있을 때 지배 이데올로기를 확고히 하기 위해 '마녀'가 필요했던 것이다. 마녀사냥은 중세부터 시작되었지만 이성과 계몽의 시대에도 존재했고, 청교도가 지배하던 미 대륙에서도 '주홍 글씨'가 새겨졌으니, 마녀는 무지의 시대가 만들어낸 장치가 아니라 이성의 시대가 생산해 낸 계산적인 결과였는지도 모른다. 프랑스의 신학자 보쉬에Jacques Bénigne Bossuet는 마녀사냥에 대해 이렇게 주장했다.

> 하나님은 왜 무고한 사람들을 죽이도록 허용할까? 하나님은 당연히 그렇게 한다. 그들마녀들은 지은 죄로 인해 죽을 뿐이다. 항상 원죄라는 죽을죄를 저질렀기 때문이다.[97]

중세 시대에는 교회에 위협적이거나 거슬리는 여성들이 종교 재판소로 소환되었고, 그 결과는 비참한 죽음이었다. 신비적 체험을 했다는 이유가 많기는 했지만 고발과 의혹만으로도 마녀를 만들 수 있었다. 문제는 그것을 판결하는 기준이 교회의 해석에 달려 있다는 것이다. 똑같은 신비 체험을 하더라도 판단하는 당사자에 따라 성녀가 되기도 하고 마녀가 되기도 했다. 마치 방언을 한다는 이유로 그 사람을 이단이냐 아니냐로 판가름하는 것으로 비유할 수 있을까?[98] 또 똑같은 명목으로 누군가는 마녀가 되지만 다른 사람은 무혐의로

결정되는 경우는 왜일까? 이유는 단 하나다. 단지 그것을 판단하는 성직자의 '성향'에 달려 있을 뿐이다. 판결자가 평소에 신비적 체험에 관심이 많았다면 그 마녀는 교회의 승인을 얻은 '성녀'로 둔갑하게 되는 것이다.

그러나 중세 성직자들 대부분은 신비적 체험을 긍정적으로 여겼을 리 만무하다. 신비적 체험을 신의 현현顯現으로 여겼는데, 왜 하필이면 '신의 대리인'인 성직자들이 아닌 천박한 여성들에게 신이 나타난다는 말인가?

> 신이 현현할 곳이 그리 많단 말인가? 많은 신부와 교회의 수장들이 있는데, 무엇 때문에 엉뚱한 여인들에게 신이 현현한단 말인가? 그것도 결혼하여 애까지 낳은 여자에게 나타날 리가 없다.[99]

중세 마녀들은 신비적 체험을 통해 교회에 위협을 줄 만한 존재들이 아니다. 악마와 접촉해서 국가와 사회를 전복시킬 수 있는 존재들이라면 그렇게 판단하는 자들의 광기가 틀림없다. 마녀들은 비위생적인 환경에서 하루하루 힘겹게 살아가던 평범한 여성들이었다. 중세인들은 아무 데서나 똥오줌을 배설했다. 짚으로 쌓은 것이 침대였고, 몸에는 이가 우글거렸다. 그들에게 빈곤과 굶주림이라는 '암흑기'를 견디게 해 준 유일한 낙은 무엇이었을까? 식물에서 추출한 액체나 그것을 태울 때 나는 냄새를 맡으며 황홀을 느끼고 무아경을 체험했다고 한다. 가난한 이들에게 그것은 하루하루를 견딜 수 있게 해 주는 힘이었으리라. 일상의 고단함과 미래의 불안함으로부터 유일한 도피처였던 셈이다.[100] 그렇게 헬중세를 살아가던 을들을 마녀로 몰아세운다면 그들에게는 저항할 힘이 없다. 마녀는 신앙에서 일탈한 존재들이 아니다. 교회가 지목한 마녀들은 삶의 고통과 우울함으로 신음하던 사람들이었다.

> 우리가 잡아들이는 사람들은 마녀가 아니다. 대부분 우울증을 앓고 있는 아픈 사람들일 뿐이다. 그런 사람들은 잡아 죽일 것이 아니라 의사의 치료를 받게 해야 한다.[101]

마녀로 몰아가기는 쉽지만, 결백을 입증해야 하는 마녀들은 철저히 무기력한 존재들이었다. 그들은 신성 재판神聖裁判, Trial by Ordeal에서 마녀가 아님을 스스로 입증해야 했다. 하지만 사람들은 마녀의 사지를 결박한 후 자루에 넣어서 물에 던졌다. 진짜 마녀라면 빗자루를 타고 날아갈 정도이니 물에 뜰 것이라고 생각했다. 또 마녀가 아

고문 기구 프랑스 남부 카르카손과 독일 중부 로텐부르크에서는 중세에 사용된 고문 기구들을 볼 수 있다. 고문 기구의 나사가 돌아가면서 연약한 여성들의 피부는 훼손되고 사지는 몸통에서 분리된다. 이것을 견뎌야 결백이 입증되었다.

니라면 물에 가라앉을 것이다. 어쨌거나 죽기는 마찬가지다. 즉 '아니면 말고' 식이다. 그들은 불 위를 걷는 시험, 바늘에 찔리는 시험을 통해 증명을 강요당했다. 마녀의 자백을 받아내기 위해 수많은 악랄한 방법들이 동원되었다. 인두를 달궜고 신체에 고통을 가했으며, 나사를 돌리고 돌려서 몸의 일부를 분해하기도 했다. 차라리 빨리 화형을 시켜 주는 게 다행일지도 모른다. 그런 만행에 대해 교회는 이렇게만 말하면 되었다. "마녀가 아니면 말고!"[102]

종교 재판소와 마녀사냥의 흔적들은 유럽 곳곳에 남아 있다. 독일에서만 마녀로 죽은 사람이 공식적으로 6만 명이다. 그들은 장애인, 미혼모, 동성애자, 빈자들이었을 것이다. 그것은 교회의 '단절된 연속'을 보여준다. 지금은 마녀사냥이 사라졌다. 그것은 단절이다. 그러나 교회가 청중들을 엄격한 경건으로 다스리면서 그것을 교회의 질서 유지를 위한 수단으로 삼는다면 그것은 연속이다. 단절된 연속을 21세기에도 느낄 수 있다면 지금도 마녀의 눈물이 존재하는 것이다. 12세기의 이단들은 기쁜 소식을 전파하는 음울한 자들이었다. 발도파나 롤라드파의 삶은 초라했지만, 그들의 영혼은 기쁨이 지배했다. 그러나 중세 교회와 수도원에서는 '웃음'을 사탄이 주는 불경不敬으로 간주했다. 교회는 엄숙함으로 압도하면서 그것을 종교의 '자유'라고 가르쳤다.[103]

움베르토 에코가 중세를 들여다보면서 유독 강조했던 부분이 이 지점이다. 지금 민중들에게 필요한 것은 눈물과 참회가 아니라 웃음과 위로다. 포용과 포옹, 이것이 교회가 자유와 경건을 회복할 수 있

멜크 수도원 『장미의 이름』에서도 언급된 오스트리아 멜크의 수도원. 중세적이면서도 내부의 세련되고 아름다운 모습이 찾는 이들을 압도한다.

는 유일한 방법인지도 모른다.

윌리엄 수도사는 관행처럼 대중들에게 행하는 참회를 좋은 눈으로 보지 않았다.

"이거야말로 그리스도라는 정점을 중심으로 설교자가 대중의 신앙을 결집시키는 의식입니다. 말하자면 그런 참회 의식에 대한 두려움을 심어주는 것이지요. 그들은 육체肉體의 부활은 믿지 않고 육신의 상해와 불행만을 두려워할 뿐이지요."

"그렇지만 사람들에게 필요한 것은 웃음입니다. '웃음'이라는 것은 그들에게 좋은 약이 될 수 있습니다. 웃음은 목욕과 같은 것이지요. 웃음은 사람의 기분을 바꾸어 주고, 육체에 낀 안개를 걷어 줍니다. 우울증의 특효약이라고 하면 어떨까요?"[104]

루앙 대성당은 프랑스에서 가장 첨탑이 높다. 이 첨탑 아래에서 눈물을 흘린 두 여인을 꼽으라면 소설 『마담 보바리』에 등장하는 주인공 엠마와 프랑스의 구국 영웅 잔 다르크를 들 수 있다. 엠마와 잔 다르크에게 루앙 대성당은 너무도 높은 벽이었다.[105] 빵만 있으면 아무 문제가 없지 않느냐고 하던 사제의 심리적 거리만큼 엠마에게 루앙 대성당은 물리적 높이보다 심적 높이가 더 크게 느껴졌을 것이다. 잔 다르크가 느꼈던 위압감도 그에 못지않았으리라.

잔 다르크는 영국과 프랑스의 백 년 전쟁을 승리로 이끈 민족의 영웅이었다. 백 년 전쟁 내내 프랑스는 영국에게 열세를 면치 못했다. 오를레앙에서 포위당하여 항복 직전의 상황에 놓였을 때 잔 다르크는 프랑스를 구해냈다. 그녀는 신의 계시를 받고 프랑스를 구한 것이다. 그런 잔 다르크의 존재가 영국 병사들에게는 공포의 대상이었지만 프랑스로서는 여간 고민스러운 게 아니었다. 계속해서 신의 계시를 받는 그녀의 말을 들어야 할지 말아야 할지 결정해야 했다. 그녀의 말을 듣는다면 프랑스는 마녀의 말을 듣는 것이고, 반박하자니 아직 전쟁이 끝나지 않았다. 가장 좋은 시나리오는 전쟁의 승기를 잡은 후 그녀가 사라져 주는 것이다.

결국 프랑스의 바람대로 전투에서 잔 다르크는 포로로 잡혔고, 프랑스 왕 샤를 7세는 잔 다르크의 석방금 지급을 거부했다. 반면에 영국 진영에서는 잔 다르크에 대한 두려움을 갖고 있었다. 어쩌면 프랑스와 영국 모두에게 정치적으로 중요한 사안인지도 모른다. 그래서 그녀가 신의 대리자가 아니라 마녀라는 사실을 증명하면 문제가 간단히 해결될 수 있었다. 1431년 2월 21일에 공개 재판이 진행되었다. 잔 다르크의 심문을 맡은 인물은 영국 측 사람이 아닌 프랑스의 피에르 코숑Pierre Cauchon 대주교였다. 영국 병사들의 사기를 위해, 또 프랑스 교회의 권위를 위해 코숑 주교의 심문은 매우 중요했다.

잔 다르크는 하나님이 정해 주신 성 정체성을 거부하고 남자 복장을 입었다는 것이 부정한 사유가 되었고, 신성모독으로 선고받았다. 평범한 여성이 신의 계시를 받는다는 것은 성직자들의 '자존심'으로는 받아들일 수 없었다. 왜냐하면 신과 인간 사이의 중재자는 오로지 성직자들의 몫이었기 때문이다. 그래서 잔 다르크는 신으로부터 계시를 받은 것을 부정하고, 성령의 인도를 받는 교회의 권위에 복종하도록 요구 받았다. 그러나 잔 다르크는 이를 거부했다. 자신은 분명히 하나님의 계시를 받았으며, 결코 주교가 중재자가 될 수 없다고 말했다. 또한 프랑스 교회가 영원한 하나님의 교회를 대표할 수 없다고도 반박했다.[106]

마침내 1431년 5월 31일 오전 9시, 프랑스를 구한 19세의 처녀는 화형을 당했다. 엄밀히 말하면 교회의 정치적 목적을 위해 희생을 당했다는 표현이 적절할 것이다. 정말 잔 다르크는 마녀였을까? 프랑스의 샤를 7세에게 잔 다르크는 은인과 같은 존재였다. 왕위 계승 문제에서도 잔 다르크의 설득으로 적진 한복판에 있던 랭스 대성당에서 대관식을 거행했고, 그가 정당한 왕위 계승자임을 알릴 수 있

오를레앙 대성당과 잔 다르크 백 년 전쟁 중 오를레앙이 영국군에게 포위되었던 절체절명의 순간에 나라를 구한 것은 장군이 아니라 앳된 얼굴의 십대 소녀 잔 다르크였다. 그녀는 오를레앙의 영웅이었지만, 정치적인 문제로 루앙에서 화형을 당했다. 잔 다르크는 오를레앙 공성전에서 승리 후 이곳 대성당의 저녁 미사에 참례했다.

었다. 오를레앙에서의 반전을 시작으로 잔 다르크는 연전연승을 했다. 덕분에 샤를 7세는 정적을 제거하고 왕위를 얻었으며, 영국군을 물리친 후 오늘날과 같은 영토를 되찾았다. 그러나 잔 다르크가 마녀로 판결이 나고 화형을 당하는 동안 샤를 7세는 아무것도 하지 않았다. 자신이 마녀에 의해 대관식을 했다는 것이 자존심 상하는 일이었을까? 개인의 자존심이 국가의 운명보다 더 중요했을까?

샤를 7세는 그의 생전에 잔 다르크에 대한 재판을 다시 진행했다. 25년이 흐른 1456년 7월 7일에 잔 다르크에 대한 두 번째 재판이 진행되었다. 잔 다르크도, 그녀를 심문했던 코숑 주교도 이미 고인이 된 상태에서 말이다. 재판의 판결문은 1431년의 재판 결과를 뒤집었다. 잔 다르크에 대한 재판이 악의와 모순으로 가득했고 명백한 오류가 있었으므로 1431년의 재판을 무효로 판결함과 동시에 그녀는 마녀가 아님을 선언했다. 그 후 19세기의 나폴레옹은 잔 다르크가 애국자였음을 국민들에게 강조했고, 1920년 5월에 마침내 교황 베네딕토 15세는 잔 다르크를 성인으로 추대했다.

잔 다르크와 관련된 수많은 사료를 조사한 아일랜드 작가 버나드 쇼Bernard Shaw는 그녀에 대해 다룬 작품 『성녀 조앤*Saint Joan*』을 써서 1925년에 노벨 문학상을 수상했다. 그가 잔 다르크를 접하면서 인류에게, 그리고 교회에게 하고 싶었던 말은 무엇일까?

버나드 쇼 셰익스피어 이후 최고의 극작가였던 버나드 쇼는 잔 다르크를 재평가한 『성녀 조앤』을 써서 노벨상을 수상했다.

> 빵은 나에게 슬픔이 될 수 없고, 물은 나에게 괴로움이 될 수 없습니다. 하지만 하늘빛이 차단되어 들판의 꽃을 볼 수 없고, 발에 족쇄가 채워져 다시는 언덕을 오를 수도 없으며, 당신들의 어리석음과 사악함으로 인해 내가 더럽고 축축한 곳에 처박혀 신을 저주하고 신의 품에서 멀어진다면 성경에서 말하는 지옥이 차라리 나을 겁니다. 나무를 스치는 바람 소리, 새들의 노랫소리, 양들의 우는 소리, 교회의 종소리를 들을 수만 있다면 나를 어떻게 해도 괜찮습니다. 하지만 그런 것들이 없으면 나는 살 수 없습니다. 그런데 당신은 그런 것들을 나와 다른 사람에게서 빼앗으려고 하는군요. 이제 나는 당신이 악마를 변호하고 내가 신을 변호한다는 것을 알겠습니다.[107]

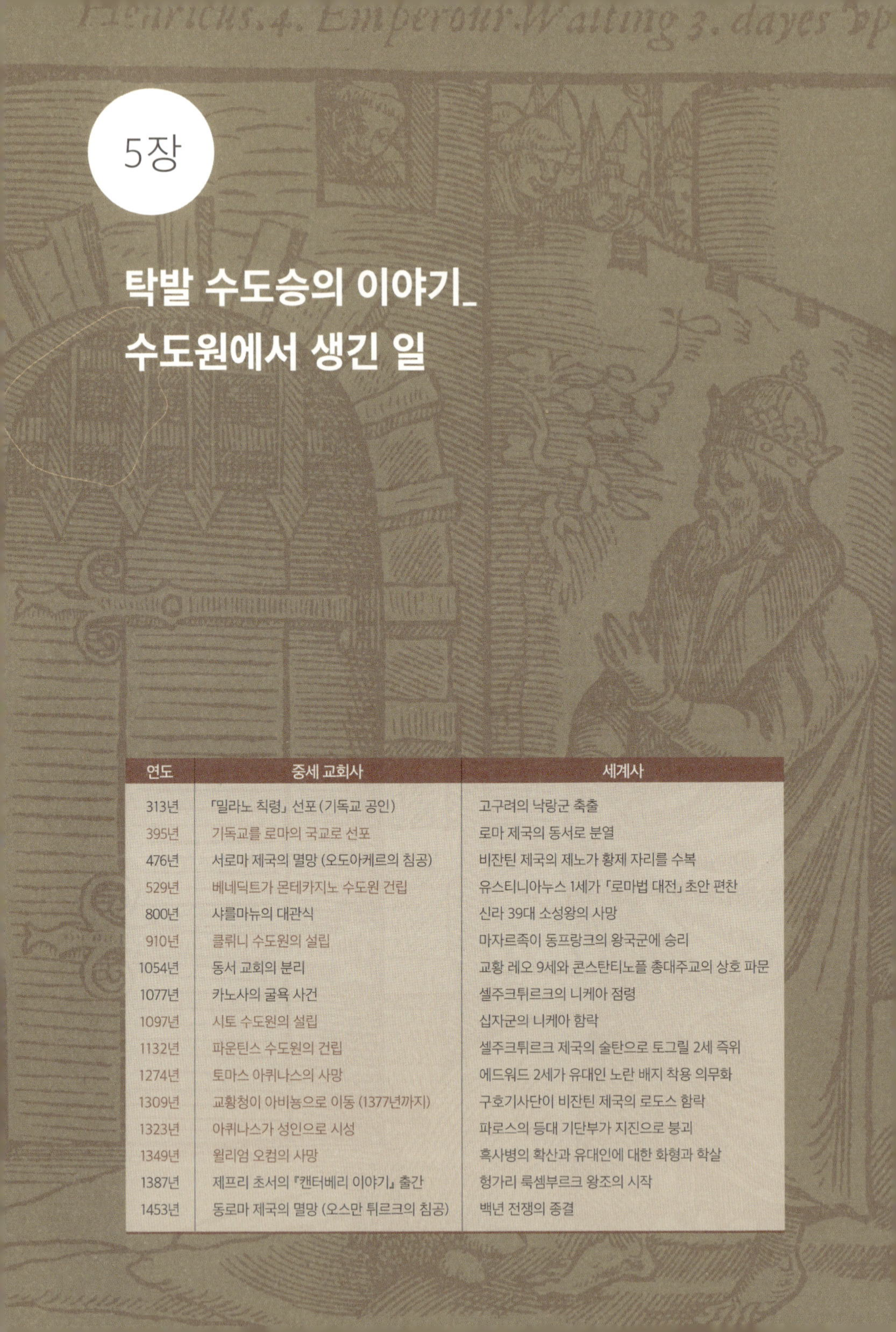

5장

탁발 수도승의 이야기_ 수도원에서 생긴 일

연도	중세 교회사	세계사
313년	「밀라노 칙령」 선포 (기독교 공인)	고구려의 낙랑군 축출
395년	기독교를 로마의 국교로 선포	로마 제국의 동서로 분열
476년	서로마 제국의 멸망 (오도아케르의 침공)	비잔틴 제국의 제노가 황제 자리를 수복
529년	베네딕트가 몬테카지노 수도원 건립	유스티니아누스 1세가 「로마법 대전」 초안 편찬
800년	샤를마뉴의 대관식	신라 39대 소성왕의 사망
910년	클뤼니 수도원의 설립	마자르족이 동프랑크의 왕국군에 승리
1054년	동서 교회의 분리	교황 레오 9세와 콘스탄티노플 총대주교의 상호 파문
1077년	카노사의 굴욕 사건	셀주크튀르크의 니케아 점령
1097년	시토 수도원의 설립	십자군의 니케아 함락
1132년	파운틴스 수도원의 건립	셀주크튀르크 제국의 술탄으로 토그릴 2세 즉위
1274년	토마스 아퀴나스의 사망	에드워드 2세가 유대인 노란 배지 착용 의무화
1309년	교황청이 아비뇽으로 이동 (1377년까지)	구호기사단이 비잔틴 제국의 로도스 함락
1323년	아퀴나스가 성인으로 시성	파로스의 등대 기단부가 지진으로 붕괴
1349년	윌리엄 오컴의 사망	흑사병의 확산과 유대인에 대한 화형과 학살
1387년	제프리 초서의 『캔터베리 이야기』 출간	헝가리 룩셈부르크 왕조의 시작
1453년	동로마 제국의 멸망 (오스만 튀르크의 침공)	백년 전쟁의 종결

「염세가(Misanthrope)」 피터르 브뤼헐. 1568년. 캔버스에 템페라화. 86×85cm. 카포디몬테 국립박물관. 나폴리. 맨 밑바닥에는 플랑드르어로 새겨진 문구가 나온다. "이 세상은 믿을 수 없기 때문에 나는 애통해 한다." 그는 상복인지, 수도사들의 옷인지를 입고 세상을 등지고 있다. 그의 앞길에는 뾰족한 침이 바닥에 있고, 독버섯도 그늘 속에 보인다. 그 뒤에서 투명한 구(球) 안의 사람이 그의 돈주머니를 훔친다. 구체는 브뤼헐의 그림에서 세상을 상징한다. 브뤼헐이 말하고 싶은 것은, 세상이 악하다고 해서 세상을 등지는 것은 자신에게 손해이며, 그 앞길에는 고통뿐임을 말하고 있다.

한 수사가 있었다. 그는 베네딕트 성인[108]의 계율이 낡고 융통성이 없다면서 시대에 뒤떨어진 계율을 버리고 현대적인 규범을 따르고 있었다. 즉 수도원을 버리고 속세로 나온 수사를 빗대는 말로, 그는 수도원 생활이 아무런 가치가 없다고 생각했다.

'무엇 때문에 수도원에서 미치광이처럼 책이나 읽고 공부해야 하는가? 아우구스티누스[109] 성인이 말한 대로 손을 바삐 놀리어 힘들게 노동한들 무슨 의미가 있는가? 그것으로 과연 세상을 섬길 수 있다는 것인가?'[110]

수도원 운동의 시작

타바드 인의 성직자들 중에는 수도사들이 포함되어 있었다. 그들은 왜 수도사가 되었으며, 수도원 운동이 무엇을 지향하고 있는지에 대해서도 들을 수 있었다. 우후죽순처럼 생겨난 수도원은 중세의 또 다른 상징이었다. 수도원의 기원은 로마 시대로 거슬러 올라간다. 313년에 콘스탄티누스 황제에 의해 「밀라노 칙령」이 선포되면서 기독교 박해는 사라졌다. 기독교는 이제 핍박 받는 종교가 아니라 황제의 종교가 되었다. 그러다 보니 기독교로 회심하는 데에는 신앙적 동기가 아닌 정치적 동기가 많았다. 4세기에는 일요일이 제국의 공휴일이 되었고, 성탄절도 제정되었다. 395년에 기독교가 제국의 정식 종교로 되면서 자연스럽게 기존의 종교들은 차별과 핍박을 받게 되었다.

기독교가 제국의 종교가 되긴 했지만 여전히 대다수를 차지하는 사람들은 게르만 신앙을 가진 프랑크 사람들이었다. 자연스럽게 초대 교회의 전통은 사라지고, 로마 교회에는 혼합주의가 급격히 유입되었다. 313년 「밀라노 칙령」 이전에 함께 고통을 받았던 종파들은 종교회의를 통해 서로가 서로를 이단으로 몰아붙였다.

교회가 초대 교회의 순수성을 상실하면서부터 세상 밖으로 나가려는 움직임이 생겨났다. 즉 교회의 변질과 축재, 탐욕에 환멸을 느껴서 사막과 외딴 곳으로 가서 '은둔자'가 되었다. 은자隱者들의 몸부림은 변질되지 않으려는 시도였다. 높은 장대 위에 올라가서 전해 주는 음식만으로 연명하기도 했고, 심지어 세속으로부터 격리되기도 했다. 하지만 이러한 시도를 통해 개인의 금욕을 유지할 수는 있겠지만 세상을 변화시킬 순 없었다. 시간이 지나면서 은자들은 서로 힘을 합쳐야 한다는 사실을 깨달았다. 그 대표적인 사례가 성 베네딕트가 세운 몬테 카시노Monte Cassino 수도원이었다. 플라톤의 영향을 받아 세상의 풍조 속에서도 흔들리지 않는 마음의 상태, 즉 '평정심apatheia'을 추구했다. 베네딕트는 수도원의 규칙을 세웠다. 정신의 평정심을 위한 기도, 노동, 명상과 찬미는 수도원 규율의 대표적인 일과였다. 그 후 베네딕트가 세운 수도원을 표방하면서 많은 수도원들이 유럽에서 생겨났다. 성 베네딕트의 규율은 수도원들의 설립 이념이 된 것이다.

시대의 흐름은 베네딕트 수도원의 설립 이념을 형식으로 만들었다. 910년에 새로운 종교적 생명력을 회복하기 위해 클뤼니 수도원이 설립되었다. 이때의 교회는 피핀 3세와 샤를마뉴 시대를 거치면서 권력을 맴도는 기관으로 전락했기 때문이다. 클뤼니 수도원은 종교의 갱신을 목표로 삼았다. 전형적인 봉건 사회 속에서 클뤼니 수도원은 권력자로부터 봉건적 토지를 하사 받지 않고 세속의 권력과 부에서 독립한 수도원을 표방했다. 또 수도원장을 권력자가 임명하는 것이 아니라 자체적으로 세워서 수도원의 순수성을 유지하려고 했다. 동시에 베네딕트 규율의 본질에 더욱 충실하고자 했다. 1077년 카노사의 굴욕 사건이 있었을 때에도 교회 개혁을 주도했던 교황 그레고리 7세는 클뤼니 수도원 출신의 힐데브란트 수도사였다. 또

클뤼니 수도원(L'Abbaye de Cluny) 베네딕트 규율로부터 종교적 생명력을 회복하기 위해 910년에 프랑스 부르고뉴에 세워진 수도원.

하인리히 4세와의 갈등이 최고조에 이르렀을 때 클뤼니 수도원의 위그Hugues 수도원장이 양자 사이를 중재하려고 했다.

그러나 클뤼니 수도원 역시 초심을 잃고 교회를 개혁하는 일에 실패했다. 베네딕트 수도원도, 클뤼니 수도원도 유명해지고 부가 쌓이면서 초심을 잃어버린 것이다. 수도원들의 초심은 청빈과 근면을 통한 경건의 '능력'을 추구하는 것이었지만, 부가 축적될수록 수도원을 황금과 보석으로 화려하게 치장했다. 결국 경건의 '모양'만 남게 된 것이다. 역설적이게도 교회의 능력은 부富에 달려 있는 것이 아니라 부를 없앨 때 생긴다. 교회의 경건과 부는 반비례한다. 베네딕트와 클뤼니 수도원이 역사를 통해 보여 주는 사실이다.

영국에서는 파운틴스 수도원Fountains Abbey이 좋은 사례다. 파운틴스 수도원은 『로빈 후드의 모험』에도 언급되어 있다. 봉건 제도의 착취에 신음하던 시기에 파운틴스 수도원은 로빈 후드의 이야기 속에서 다음과 같이 묘사된다.

> 로빈 후드와 일행은 약속을 지키기 위해 파운틴스 수도원의 수도사를 찾아갔다. 일행인 윌 스칼렛이 웃으며 말했다.
>
> "파운틴스 수도원은 돈이 많거나 위엄을 내세우지 않는, 그저 작고 소박한 수도원이에요. 그래도 은둔자들이 머물기에는 더없이 아늑한 곳이에요."[111]

수도원이 부를 축적해서 비대해져 갈 때 설립 이념과 생명력은 상실되었다. 1132년 파운틴스 수도사들은 민중들을 올바른 길로 인도하지 못하고 축재에 여념이 없는 수도원을 박차고 나왔다. 그리고 무소유와 청빈을 통해 시대의 정신을 밝히겠다는 일념으로 파운틴스 수도원을 건립했다. 『로빈 후드의 모험』에 나오는 터크 수도사가 파운틴스 수도원의 수도사였다. 그 당시의 교회와 수도원들이 권력의 주변을 맴돌 때 파운틴스 수도사들은 셔우스 숲에 있는 가난한 사람들의 친구가 되어 주었다. 파운틴스 수도원이 주는 해답은 간단하다. 교회가 소유를 버리고 그리스도의 이름으로 베풀 때 교회의 능력이 비로소 살아나기 시작한다는 것이다.

파운틴스 수도원 12세기 영국 사회에 등불이 되었던 수도원. 이 수도원의 수도사였던 터크 수도사는 셔우드 숲에서 가난한 사람들과 어울렸던 인물이다.

클뤼니 수도원에 반발하여 설립된 수도원은 영국의 파운틴스 수도원뿐만 아니라 1097년에 설립된 시토 수도원도 있다. 그리고 한 세기 후에 수도원의 실천과 청빈을 위해 설립된 수도원으로는 도미니크 수도원과 프란체스코 수도원이 있다. 특히 이 두 수도원은 무소유를 실천하고 설교를 통해 그리스도의 정신을 전하려고 했다. 그들은 구걸을 통해 생계를 유지하려고 했는데, 이런 수도사들을 '탁발 수도사Mendicants'라고 일컫는다.

탁발 수도사들이 등장한 12세기 후반과 13세기 초반에는 앞서 언급한 발도파가 활동했고, 남프랑스에서 활발하게 복음이 전파되던 시기였다. 그러므로 발도파뿐 아니라 도미니크와 프란체스코 수도원은 기독교의 본질을 추구하려는 움직임에서 발생한 결과들이다. 이들의 경건에 대한 열망은 찬송가의 가사가 되어 후대에 전해진다.

구주를 생각만 해도 이렇게 좋거든
주 얼굴 뵈올 때에야 얼마나 좋으랴. 찬송가 85장

클레르보의 베르나르도Bernhard von Clairvaux

온 천하 만물 우러러 다 주를 찬양하여라. 할렐루야!
저 금빛 나는 밝은 해 저 은빛 나는 밝은 달,
하나님을 찬양하라. 할렐루야! 찬송가 69장

아시시의 프란체스코 Francis of Assisi[112]

프란체스코의 기도문 중 「평화의 도구」에 곡조를 붙인 것이 많은 사람들의 사랑을 받았다. 그 가사는 '주여 나를 평화의 도구로 써 주소서'로 시작하며, '미움이 있는 곳에는 사랑을, 다툼이 있는 곳에는 용서를'이라는 간구가 탁발 수도사였던 프란체스코의 기도문이다. 가사 마지막에는 '자기를 버리고 죽음으로써 영생을 얻기 때문이니'로 마무리된다. 그런데 최근 한국 교회는 마지막 부분의 가사를 바꿔 버렸다. 그 이유는 '자기를 버리고 죽는 것'이 영생의 조건이라고 표현한 프란체스코의 구원관이 잘못됐다는 것이다. 즉 이 표현이 이신칭의以信稱義 교리에 맞지 않다고 판단한 것이다. 그래서 현재 가사는 '온전히 믿음으로 영생을 얻기 때문이니'로 개정되었다. 만일 프란체스코의 가사가 '틀렸다'고 한다면 발도파를 이단으로 정죄한 것이나 다름이 없다.

그 이유는 이렇다. 프란체스코가 13세기의 수도사가 아니었다면

성 프란체스코 수도원 13세기 아시시에 세워진 프란체스코 수도원의 저녁노을이 지는 모습. 이 수도원은 중세 마을을 지나 산 중턱에 세워진 수도원이다.

그의 표현은 루터가 주장한 이신칭의 교리와 다를 수 있다. 시대적으로 생각해 보자. 비대해진 수도원과 생명력을 잃은 교회에 반발해서 그리스도의 정신을 온전히 표현하는 유일한 방법은 무엇이었을까? 청빈과 희생이 '시대적인' 영생의 척도였다. 정말 프란체스코는 성경도 모르고 이신칭의도 모르면서 행위만 강조하는 사람이었을까? 단테의 『신곡』 천국편 11곡에서는 프란체스코가 천국에 있는 인물로 묘사되었고, 또한 그리스도의 복음이 언급되어 있다. 그러므로 한국 교회에서 프란체스코의 구원관을 따지는 것은 본질을 떠나 이데올로기에 갇혀 있는 편협한 논쟁으로 보인다. 로마서와 야고보서의 본질이 상충되는 것은 아니지 않은가?

프란체스코를 추종하는 자들은 '작은 형제들'이라는 모임을 만들었다. 그들은 가난하고 굶주린 약자들을 돌보면서 가진 모든 것을 나눠 주고 그리스도의 가르침을 실천했다. 십자군 전쟁이 벌어질 당시 그들은 이집트로 가서 술탄sultan에게 그리스도의 평화를 전했다. 이슬람과 십자군 사이에 피의 복수가 벌어졌을 때 적진으로 간다는 것은 죽으러 가는 것과 다름없었다. 그러나 작은 형제들이 그리스도의 이름으로 문안했을 때 술탄은 자신을 위해 기도해 달라고 부탁했다고 한다. 예루살렘을 방문했을 때에도 이슬람 사람들은 작은 형제들에게만 거주를 허용했다. 그 이유는 그들의 겸손과 사랑에 감동을 받았기 때문이다. 과연 한국 교회가 프란체스코를 '이신칭의'라는 구원관으로 판단할 자격이 있을까?

하지만 그런 탁발 수도사들도 시간이 흐르면서 변질되어 버렸다. 1383년에 타바드 인에 모였던 탁발 수도사의 모습은 프란체스코의 정신과는 이미 멀어져 있었기 때문이다.

> 탁발 수도사들은 고해성사를 듣고 죄를 용서해 주는 특권을 부여 받았다. 그로 인해 사람들은 울면서 하나님께 기도하는 대신 탁발 수도사들에게 돈을 쥐어 주는 것이다. 그러나 그들은 가난뱅이들과 어울리면 체면이 깎일 뿐만 아니라 아무 이득도 되지 않는다고 생각해서 부자나 식료품 상인들과만 교제했고, 특히 벌이가 좋아 보이는 곳이라면 어디든 한달음에 달려가 정중히 고개 숙여 봉사했다.
>
> 그는 합법적으로 받는 수입보다 탁발로 훨씬 많은 돈을 벌었다. 특히 법정 사건을 중재할 경우, 그들은 가난한 사람들을 위해 중재해야 함에도 불구하고 권세와 돈을 얻기 위해 중재에 참여했을 뿐이었다.[113]

사죄赦罪 권한을 지닌 탁발 수도사들은 충분한 대가를 받을 것이 확실하면 기꺼이 고해성사를 통해 죄를 사해 주었다. 즉 사람들은

「거지들(Les Mendiants)」 피터르 브뤼헐. 1568년. 패널에 유화. 18X21cm. 루브르 박물관. 파리. 플랑드르 속담에 "거짓은 목발을 짚는다"라는 말이 있다. 브뤼헐은 다섯 명의 거지를 다른 신분의 사람들로 묘사했다. 그리고 각계각층의 사람들이 거짓을 일삼는 부정직한 사회를 풍자했다. 이 그림의 포인트는 거지들 뒤로 무관심하게 지나가는 검은 옷을 입은 사람이다. 종교인으로 보이는 사람에게 거지들은 어떠한 관심의 대상도 아니다.

그들에게 돈을 주고 사죄를 보장 받았다. 그래서 수도사들은 술집이라면 모르는 곳이 없었고, 문둥이나 거지보다 여관집 주인이나 작부들을 더 가까이했다. 그들은 문둥병 환자나 가난뱅이들과 어울리는 것은 득이 되지 않는다고 생각했다. 오히려 돈을 챙길 만한 곳에서만 겸손하고 다정하게 자기의 임무를 다했다.[114]

이날도 탁발 수사는 여느 때처럼 어느 교회에서 열심히 설교를 했다. 특히 연옥에 있는 죽은 자의 영혼 구원을 위해 30일 동안 연도미사[115]를 드리라고 힘주어 말했다. 또 하나님의 영광을 위해 헌금하라고도 했다. 그 헌금으로 성전을 지을 수 있기 때문이다.

(중략)

그렇게 사람들의 헌금을 받으면서 그들을 위해 기도를 드려 줄 것처럼 행동했다. 그런데 성도들의 집을 나서는 순간 헌납판에 적어 넣은 이름들을 모두 지워 버렸다.[116]

이것이 탁발 수도사의 현실이었다. 돈을 위해서 '기도 제목'을 기록했다. 그러나 집을 나오는 순간 머리와 마음에서 기도 제목을 지워 버렸다. 인사치레로 기도 제목을 묻고 "당신을 위해서 기도하겠습니다"라고 말하는 것이 지극히 정상적인 모습이라고 착각하면서 말이다.

스콜라 철학과 보편 논쟁

신앙과 이성은 양립할 수 있을까? 다른 표현으로 한다면 종교와 과학은 조화를 이룰 수 있을까? 이성을 통해 신앙의 객관성을 확보하려는 노력이 스콜라 철학자들의 목표였고, 캔터베리의 대주교 안셀무스Anselmus는 이 흐름을 선도했던 철학자였다. 안셀무스는 8장에서 구체적으로 언급할 예정이기에 여기서는 간략하게 다루고자 한다.

안셀무스는 스콜라 철학자들에게 신앙과 이성의 조화라는 질문을 던졌고, 하나님의 존재를 이성으로 증명하는 방법인 신 존재 증명을 시도했다. 그래서 그를 스콜라 철학의 아버지라고 부른다.

스콜라 철학의 목표는 신학과 철학을 언어로 표현하는 것이다. 그 흔적은 현재까지 영향을 미치는데, 대표적인 것이 기독교 교리다. 교리란 신앙을 언어로 표현한 체계다. 따라서 교회의 확장성 여부는 교회가 사용하는 언어에 달려 있다. 교회의 언어가 고립될수록 세상과 소통의 간격은 멀어질 수밖에 없다.

스콜라 철학의 최정점에 있었던 인물은 토마스 아퀴나스다. 아퀴나스의 부친은 그가 부유한 수도원인 베네딕트 수도회에 들어가서 수도원장이나 대주교가 되어 성공하기를 원했다. 그러나 아퀴나스는 사람들에게 생소하기도 하고 가난했던 도미니크 수도회에서 탁발 수도사가 되었다. 아들의 '철없는' 생각을 막기 위해 성에 감금시켜 놓고 설득해 보기도 했지만 고집을 꺾을 수 없었다. 아퀴나스가 위대한 이유는 이데아의 영역에 있는 신학을 아리스토텔레스의 철학을 통해 민중들과 소통하고자 했던 것이다. 물론 이런 시도가 그의 생전에는 교회로부터 금지당했고, 그의 저작들 또한 금서가 되기도 했다. 하지만 아퀴나스의 사후 반세기가 지난 1323년에 그는 성인으로 시성되었다. 그가 만들어 놓은 기적은 신비한 신적 비밀을 민중들과 소통할 수 있도록 한 것이다.

중세를 지탱해 온 것은 플라톤의 철학과 아우구스티누스의 교부 철학이었다. 반면 아퀴나스에게 중요했던 것은 저 세상의 신비가 아

자코뱅 교회(Church of the Jacobins)
프랑스 툴루즈에 있으며, 중세의 거인 토마스 아퀴나스의 무덤이 있다.

니라 이 세상의 이성이었다. 그것을 집대성한 저작물이 바로 아퀴나스의 『신학대전』이다. 아퀴나스를 비롯한 스콜라 철학자들에게 신앙과 이성은 결코 충돌하지 않았는데, 이것이 교회의 생명력을 가늠하는 시금석이었다. 교회는 끊임없는 질문과 의심에 직면할 수밖에 없었는데, 기독교 교리와 하나님의 존재 양식이 언어로는 설명이 안 되는 신비이기 때문이다. 그러나 생명력을 잃은 교회는 질문에 대한 대답을 중단하고, 의심을 악한 것으로 규정했다. 반면에 질문에 대한 대답은 겸손함의 상징이고, 생명력이 있다는 증거였다. 의심을 통해 신앙이 확고해질 수 있는 것이다.

1274년에 아퀴나스가 숨을 거둘 때 그는 이단으로 낙인찍혀 있었다. 단테가 『신곡』을 썼을 때는 아퀴나스가 아직 성인으로 시성되기 전이었다. 단테가 1321년에 언급한 아퀴나스는 이렇다.

나는 도미니크가 인도하는 성스러운 무리의 어린 양들 중 하나였으니,

그곳은 길을 잃지 않으면 좋게 살찌는 곳이라오.
나의 오른쪽에 가까이 있는 이분은 나의 형제이자 스승이었으니,
쾰른의 알베르투스, 나는 토마스 아퀴나스라오.[117]

교회사에서 빼놓을 수 없는 철학적 주제가 보편 논쟁이었다. 이 논쟁은 단순한 철학적 담론이 아니라 교회의 권위와 밀접한 주제이기도 했다. 로마 제국은 330년에 동서로 분열되었다. 그렇게 시작된 동서 교회의 갈등은 1054년에 이르러 완전히 결별을 선언했다. 동방교회가 '정통'을 뜻하는 정교회라면 서방 교회는 '보편 교회'라는 의미의 가톨릭교회가 되었다. 그렇다면 양측 가운데 누가 정통성을 가진 교회이며, '진짜 교회란 무엇인가'라는 고민이 자연스럽게 나올 수밖에 없다. 만일 눈에 보이는 개별 교회가 '보편 교회'를 상징한다고 해야 개별 교회마다 보편 교회의 권위가 담보된다. 그러나 개체와 보편을 분리한다면 수많은 교회들은 불완전한 건물에 지나지 않을 것이다.

이것이 보편 논쟁의 핵심이다. 예를 들어, '소크라테스는 인간'이라고 했을 때 '소크라테스'는 개체이고 '인간'은 보편이다. 그렇다면 개체가 앞서는가, 보편이 앞서는가? 무엇이 존재하는가? 이 물음에 대해서 스콜라 철학의 아버지 안셀무스는 보편이 개체에 앞선다고 주장했다. 왜냐하면 플라톤의 철학처럼 진짜 존재하는 것은 이데아에 있는 것이고, 나머지 개체는 허상이고 불완전하기 때문이다. 그래서 '보편'이 존재하고 그것이 앞선다고 생각했던 사람들을 '실재론

아벨라르의 무덤 파리의 페르 라셰즈(Père Lachaise) 공동묘지에 아벨라르가 잠들어 있다. 그는 중세의 어려운 철학적 문제들은 탁월하게 해결한 천재 학자였다.

자實在論者'라고 불렀다. 반면에 보편은 존재하지 않고 '개체'만 있다고 생각했던 사람들을 '유명론자唯名論者'라고 했다. 즉 보편은 이름뿐이라는 주장이다.

보편 논쟁의 초기에는 실재론이 앞섰다. 그러나 "진짜 존재하는 것은 소크라테스지, 인간이 아니다"라는 반론이 제기되면서 실재론자들은 이에 대한 답을 찾아야 했다. 피에르 아벨라르Pierre Abélard는 이런 질문에 대해 온건 실재론을 제시했는데, 보편은 개념이고 개체 속에 그 본질이 포함되어 있다고 설명했다. 즉 소크라테스 속에 인간의 본질이 포함되어 있으므로 보편은 개체를 통해 실재한다고 본 것이다.

보편 논쟁에 대해 아퀴나스는 보편은 스스로 독립적인 것이 아니라 개체 안에 있으면서 개체의 특징을 이루는 본질을 형성한다고 정리했다. 따라서 그는 '보편 교회'에 대해서도 여전히 권위를 인정했다. 눈에 보이는 개별 교회들 속에 하나님의 보편적인 본질이 있으므로 각 교회는 권위 있는 보편 교회로 나타날 수 있다고 본 것이다.

이런 철학 속에서의 교회는 하나님이 인간에게 나타나시기 위한 중간 단계였다.

이 보편 논쟁은 학문적 담론이 아니라 교회의 의미를 규정하는 중요한 질문이었다. 이것을 통해 현실에 대한 태도가 뒤바뀔 수 있기 때문이다. 움베르토 에코의 『장미의 이름』은 철학에 따라 가치관이 얼마나 달라질 수 있는지를 잘 보여주고 있다. 또 중세의 가치관을 뒤흔든 혁명적인 인물로 윌리엄 오컴William of Ockham을 들 수 있다. 오컴은 유명론자인데, 그의 철학이 종교개혁자 마르틴 루터에게도 큰 영향을 끼쳤기 때문이다. 그런데 유명론은 왜 혁명적이었을까?

윌리엄 오컴과의 대화

『장미의 이름』에 등장하는 주인공 윌리엄은 철학자 윌리엄 오컴을 모델로 만들어진 캐릭터로 잘 알려져 있다.[118] 오컴은 '오컴의 면도날'이라는 표현으로 우리에게 익숙하다. 그는 불필요한 많은 가정들을 반대하고 가급적이면 단순하게 설명할 것을 주장했기 때문에 생긴 표현이다. 이는 논리학에서 불필요한 전제들을 제거하고 논증을 명료하게 하자는 주장이지만, 오컴은 이 시도를 통해 강자들이 치부를 감추기 위해 사용된 불필요한 수사적 변명까지도 제거할 것을 의도했다. 오컴은 면도날을 통해 강자들의 미사여구를 잘라내고 그들의 민낯을 드러내려고 했던 것이다. 그런 오컴의 '직설'을 교회가 좋게 볼 리 없었다.

오컴이 이단으로 낙인 찍혀서 교황청에 소환된 이유는 유명론 때문이었다. 그의 철학은 교회의 권위를 떨어뜨렸다고 보았다. 하지만 유명론은 오컴이 최초가 아니었고, 그 이전에 존재했던 유명론자들도 이단으로 정죄되었다. 교회의 입장에서 오컴의 사상은 충분히 불온하고 이단적이었으며, 그의 면도날은 교회의 치부를 드러낼 만큼 날카로웠다. 오컴은 아비뇽 교황청으로 소환되었는데, 이 시기에 소환된다는 것이 무엇을 의미하는지 그 자신도 모를 리 없었다. 그럼에도 불구하고 오컴은 여전히 '보편'은 추상이고 실재하지 않는다고 믿었다. 따라서 보편 교회는 교황도, 공의회도, 개별 교회도 아니라고 주장했다. 진정한 교회는 개체로 존재하는 신자들의 '공동체'이며, 그와 무관한 교회는 결코 교회일 수 없다는 것이다.[119] 또 교회는 '사람'이며, 인간의 존엄성이 스며든 공동체여야 한다고 보았다.

다시 정리해 보자. 중세 교회가 인생을 보는 태도는 무엇인가? 삶은 고난과 시련의 연속이며, 그것을 당연한 것이라고 가르쳤다. 그

아비뇽의 다리와 교황청 1309년부터 1377년까지를 아비뇽 유수라 부른다. 이 기간 동안 교황청을 프랑스 남부 아비뇽으로 옮기면서 로마 교황청과 대립했다. 즉 교황직을 놓고 이탈리아와 프랑스가 다투던 시기였다. 멀리 아비뇽 교황청이 보인다.

성모 교회 프라우엔 교회(Frauenkirche)로도 불리는 뮌헨 중심부에 위치한 성모 교회의 터는 중세 시대에 공동묘지였다. 당대 최고의 천재 철학자였던 윌리엄 오컴은 교황청의 소환을 피해 이곳에서 지내다가 1349년에 흑사병으로 세상을 떠났다. 그는 이곳에 매장되었다.

가르침을 따른다면, 현실이란 사후 세계에 복을 받기 위해 금욕과 인내, 헌금으로 투자해야 하는 시기다. 그러나 오컴은 면도날로 이것들을 잘라냈다. 그 가르침이 사실이라면 왜 교회는 부에 그렇게 집착하는가? 오컴에게 있어서 교회란 건물이 아닌 개개인의 집합이었다.[120] 진짜 중요한 것은 내세가 아니라 바로 지금 이 순간인 것이다. 그렇다면 현실은 견뎌야 하는 시간이지만, 아울러 존중해야 할 시간이기도 하다. 그럴 때에야 비로소 중세인들의 순간순간이 의미 있게 다가오기 때문이다. 현실에 대한 이런 오컴의 가치관은 종교개혁은 물론이고, 철학과 예술에도 큰 영향을 끼쳤다.

1326년 6월에 오컴은 아비뇽을 탈출해서 신성 로마 제국 황제의 보호 아래로 들어갔다. 하지만 1349년에 흑사병에 걸려 쓸쓸히 생애를 마감하고 말았다. 그러나 그가 교황청에 맞서 자신의 주장을 굽히지 않을 수 있었던 용기는 그의 사상에서 나왔다. 교회가 그의 사상에 귀를 기울일 때에만 이 순간을 살아가는 암흑 속에 존중이라는 빛을 밝힐 수 있을 것이다.

> "당신은 속았어. 악마라고 하는 것은 물질로 되어 있는 권능이 아니야. 악마라고 하는 것은 영혼의 교만, 미소를 모르는 신앙, 자기만 옳다고 믿는 진리, 이런 게 바로 악마야."
>
> 소형제 수도사들이여. 이 영감이 지금까지 여러분들에게 그렇게 진리를 말했다면 여러분들은 이 영감의 말을 믿은 것이 아니라 엄격함을 믿은 것입니다! 가짜 그리스도는 지나친 믿음에서 나올 수 있고, 하나님이나 진리에 대한 지나친 사랑에서 나올 수도 있습니다. 성자 중에서 이단자가 나오고, 선견자 중에서 신들린 무당이 나오듯 진리를 위해 죽을 수 있는 자를 경계하십시오. 진리를 위해 죽을 수 있는 자는 대체로 많은 사람을 자신과 함께 죽게 하거나 때로는 자신보다 먼저, 때로는 자기 대신 죽게 하는 법입니다.[121]

6장

기사의 이야기_ 신의 이름으로

연도	중세 교회사	세계사
313년	「밀라노 칙령」 선포 (기독교 공인)	고구려의 낙랑군 축출
395년	기독교를 로마 제국의 국교로 선포	로마 제국의 동서로 분열
476년	서로마 제국의 멸망 (오도아케르의 침공)	비잔틴 제국의 제노가 황제 자리를 수복
1054년	동서 교회의 분리	교황 레오 9세와 콘스탄티노플 총대주교의 상호 파문
1071년	셀주크튀르크의 동로마 침공	노르만족이 비잔틴 제국과의 바리 공성전에서 승리
1077년	카노사의 굴욕 사건	셀주크튀르크의 니케아 점령
1095년	우르바누스 2세의 십자군 연설	클레르몽 공의회 소집
1096년	프랑스 루앙에서 십자군에 의한 유대인 학살	군중 십자군 본대의 약탈과 학살
1099년	십자군의 예루살렘 함락	159대 교황 우르바노 2세의 사망
1130년	성 베르나르의 유대인 학살 반대 설교	남송에서 성리학의 창시자 주자의 탄생
1204년	십자군의 콘스탄티노플 함락	보두앵 1세가 로마니아 제국의 황제로 선출
1291년	8차 십자군의 종료	고려 여몽연합군이 합단적의 침입 격퇴
1453년	동로마 제국의 멸망 (오스만 튀르크의 침공)	백년 전쟁의 종결
1492년	이슬람이 스페인에서 완전히 철수	레콩키스타 종결 및 콜럼버스의 신대륙 발견

「죽음의 승리」 피터르 브뤼헐. 1562-1569년. 목판에 유화. 162x117cm. 프라도 미술관. 마드리드. 인간이 본질적으로 얼마나 악한가를 여실히 드러낸다. 그림에는 해골들로 가득하고, 그들이 가는 곳곳마다 죽음을 몰고 다닌다. 흥미로운 것은 그들의 방패에는 십자가가 그려져 있고, 성직자들의 모습을 하기도 한다. 브뤼헐은 중세에 '신의 이름으로' 자행된 많은 행위들이 죽음을 낳았음을 말하고 있다.

한 기사가 있었다. 명성이 자자한 사람으로, 처음 먼 길을 나선 순간부터 기사도를 존중하고, 진실과 명예, 관용과 예의를 사랑했다. 그는 왕을 위한 전투에서 용감하게 싸웠다. 이교도 국가는 물론 그리스도교 국가에도 원정십자군 원정을 나섰다.

(중략)

그는 원정에서 돌아오자마자 다시 순례길에 나선다.[122]

역사 속의 십자군 이야기

1054년에 동방 교회와 서방 교회가 완전히 갈라졌다. 정치적으로도 이미 골이 깊게 파였다. 그러던 중 콘스탄티노플에서 급하게 구원을 요청했다. 1071년 8월 26일에 셀주크튀르크Seljuk Türk가 동로마 지역을 침공했기 때문이다. 비잔틴 제국의 황제 로마누스 4세가 이끄는 군대와 셀주크의 술탄 알프 아르슬란Alp Arslan이 오늘날의 아르메니아 지역에서 충돌했다. 로마누스는 포로가 되어 술탄 아르슬란 앞으로 끌려갔다. 이미 황제의 병력은 괴멸되었지만 그를 상대로 술탄은 평화를 제안했고, 그에게 근위병과 보물을 제공해서 콘스탄티노플로 정중히 보냈다. 로마누스가 포로로 잡혔을 때 황제와 술탄이 나눴던 대화다.

아르슬란 : 만일 전쟁의 결과가 반대로 나타났다면 황제께서는 어떻게 하

시겠습니까? 제가 포로가 되어서 황제께 잡혀 왔다면 말입니다.

로마누스 : 아마 당신을 죽여서 콘스탄티노플에 당신의 목을 걸었을 것이오. 아니면 당신을 거리에서 끌고 다니지 않았겠소?

아르슬란 : 나의 처벌은 그것보다 훨씬 잔인합니다. 황제를 용서하겠소. 귀국으로 무사히 돌아가시오.

이것은 술탄이 기독교도 황제에게 베푼 관용이었다. 그 후 로마누스를 계승한 알렉시우스 1세Alexius I 황제는 1095년에 교황 우르바누스 2세에게 구원을 요청했다. 튀르크인들로부터 콘스탄티노플을 보호하고, 거룩한 땅 예루살렘을 되찾아 달라고 요청했다.

한편, 서방 세계의 상황은 어땠을까? 1077년에 황제 하인리히 4세에게 카노사의 굴욕을 안겨 주었던 그레고리우스 7세는 황제의 반격으로 인해 로마를 떠나 살레르노에서 쓸쓸히 최후를 맞이했다. 교황은 황제와의 전투에서는 이겼지만 전쟁에서 패하고 말았다. 따라서 그레고리우스 7세를 뒤이은 교황 우르바누스 2세에게는 교황의 입지를 굳힐 기회가 필요했다. 이때 팔레스타인에서 들려온 소식은 교황에게 좋은 명분을 제공했다. 클레르몽Clermont에서 개최된 공의회에 3천 명의 성직자들이 모였기 때문이다. 그들에게 교황 우르바누스 2세는 설교를 시작했다.

사랑하는 프랑스의 형제들이여, 하나님의 선택 받은 거룩한 백성들이여. 우리가 사는 이 땅은 죄와 피로 얼룩져 있습니다. 같은 형제들끼리 죽고 죽이며, 뺏고 빼앗기는 일들이 반복되고 있습니다. 우리들의 어리석은 분노와 미움으로 인해 얼마나 많은 사람들이 희생되었습니까? 우리가 살고 있는 곳은 사방으로 산과 바다로 막혀 있고, 자원과 작물도 넉넉지 않을 뿐 아니라 부양할 인구가 많기 때문에 필연적으로 나타나는 죄악일 겁니다.

그러나 지금 거룩한 땅 예루살렘과 안티오키아가 이교도들의 칼날에 굴복했고, 그곳을 찾는 순례자들이 피를 흘리고 있습니다. 콘스탄티노플의 형제들에게 이교도들의 말발굽 소리가 들리고 있습니다. 거룩한 땅을 보호하고 우리의 형제를 구원합시다.

하나님이 여러분을 지키실 것입니다. 이것이 바로 하나님의 영광이며, 하나님의 뜻을 나타내는 길입니다. 그리스도를 위하여 "자기를 부인하고 자기 십자가를 지고 나를 따를 것이니라 마태복음 16:24"고 말씀하셨습니다. 하나님을 위하여 "집이나 형제나 자매나 부모나 자식이나 전토를 버린 자마다 여러 배를 받고 또 영생을 상속하리라 마태복음 19:29"고 약속하셨습니다.

클레르몽페랑 대성당 1095년에 개최된 클레르몽 공의회에서 교황 우르바누스 2세는 그 유명한 십자군 설교를 단행했다. 프랑스의 클레르몽페랑 대성당에는 그 앞에 우르바누스 2세의 상이 세워져 있다.

예루살렘으로 가서 그곳을 되찾아야 합니다. 이것은 바로 그리스도의 명령입니다. 이 거룩한 사명을 감당하는 모든 자들은 즉시 그 영혼이 구원을 받을 것입니다. 남자든 여자든, 부유하든 가난하든 그것은 아무 이유가 되지 않을 것입니다. 하나님의 영광을 위해 일어나십시오. 하나님이 그것을 바라십니다*Deus lo vult*!

교황 우르바누스 2세의 설교를 들은 기사들은 열광하면서 하나님의 뜻에 따르겠다고 서원했다. 또 설교를 듣고는 옷 위에 붉은색 십자가를 만들어서 새겼다. 이로 인해 '십자군'이라는 명칭이 붙여지게 된 것이다. 그렇게 '하나님의 부름'에 응한 자들에게는 면죄부가 제공되었다. 그러나 교황이 발행한 칙서를 보면 하나님이 뜻이 잘 보이지 않는다!

1. 십자군 참가자들은 죄의 사함을 받게 될 것이다.
2. 참가할 수 없는 사정이 있다면 헌금을 하라.
3. 참전자들은 자신의 재산을 교회에 맡기고 귀환 후에 찾아가라.
4. 십자군 참전 서약을 어기거나 도중에 돌아오는 자는 파문에 처한다.

십자군 비하인드 스토리

1095년에 우르바누스 2세가 십자군 연설을 한 이듬해부터 십자군

출정이 시작되었다. 클레르몽 공의회에 모인 3천 명은 주로 성직자와 귀족들이었다. 우르바누스 2세의 설교는 사실 귀족들에게 하는 호소였다. 봉건 사회에서는 귀족들의 병력이 합쳐져야 왕의 병력이 된다. 교황이 귀족들에게 호소했던 것은 병력의 제공이었다. 반면 귀족들에게도 솔깃한 부분이 있었다. 봉건 사회에서는 장남이 권력과 재산을 상속받을 수 있었다. 이 상속권 때문에 적자와 서자, 장자와 차자 간에 다툼이 일어났다. 그러므로 십자군 전쟁은 상속권에서 밀려난 귀족들에게 또 다른 기회가 되었다. 그 땅에서 새로운 지주가 되어 권력을 잡을 수 있기 때문이다. 이런 목적으로 아예 온 가족을 대동하고 떠난 자들도 많았다.

교황의 설교에 십자군이 움직인다는 것은 다시 한 번 교황이 유럽의 실세로 군림할 수 있다는 증거였다. 실제로 십자군 설교에 15~20만 명이 성지를 탈환하기 위해 떠났다. 이것은 교황이 각 왕들에게 보여준 무력시위나 다름없었다.

십자군 중에는 무장한 기사들도 있지만 여성과 노인, 어린이들도 포함되어 있었다. 사실 일 년 만에 조직화된 병력을 준비하는 것은 불가능했기 때문이다. 그래서 실제로는 거대한 군중의 행렬이 성지를 향해 떠난 것이다. 그들은 그것을 하나님의 뜻이라 믿으면서 '기도와 찬송'으로 행진을 했다. 하지만 그들이 지나간 곳에는 선명한 피의 흔적들이 남았다. 하나님의 뜻이라고 확신했기에 성지까지 가는 여정 가운데 하나님이 모든 것을 책임져 주시리라고 믿었던 것일까? 대책 없이 떠난 그들이 직면한 것은 굶주림이었다. 기도와 찬송으로 행진하던 순례자들은 폭도로 변했다. 독일 지역을 지나갈 때에는 유대인들을 학살하고 그들의 재산을 모두 빼앗았다. 굶주림을 해결하기 위해서 이슬람교도든 기독교도든 가리지 않고 마을을 약탈했다. 그들의 신은 굶주린 배였다 빌립보서 3:19.

마침내 보스포루스 해협에 도착했다. 좁은 해협 건너편에는 소아시아가 있고, 그곳에서 이교도들을 몰아내야 했다. 그러기 위해서는 콘스탄티노플에서 비잔틴 제국으로부터 수송선을 제공받아야만 해협을 건널 수 있었다. 그런데 도움을 요청했던 알렉시우스 황제와 그를 돕기 위해 그곳까지 온 십자군 사이에 갈등이 생겨났다. 알렉시우스는 십자군에게 수송선을 제공할 테니 비잔틴 제국 내에서는 무조건 자신에게 순종할 것과 탈환한 땅을 다시 반환할 것을 요구했다. 사실 십자군들에게 그런 '인도적인' 목적 따위는 아예 없었다. 그렇다고 급조된 군대로 콘스탄티노플을 치기에는 방어가 탄탄하게 갖춰져 있었고, 또 공격할 명분도 없었다.

마지못해 약속을 하고 해협을 건너서 도착한 곳이 니케아였다. 그곳은 이단들로부터 '정통' 신앙을 지키기 위해 니케아 공의회가 소집된 곳이었고, 「사도신경」의 전신인 「니케아 신조」가 탄생된 곳이다. 십자군은 튀르크가 점령한 니케아를 포위했다. 점령하는 순간 그 땅은 십자군들의 소유가 될 것이고, 그곳에는 학살과 강간, 강탈로 물들게 될 것이다. 그것을 알았기 때문인지 니케아의 지도자는 십자군이 니케아를 포위하는 동안 밤중에 찾아가 십자군이 아닌 비잔틴 제국에게 항복해 버렸다.

「콘스탄티노플에 입성한 십자군(The Entry of the Crusaders into Constantinople)」
외젠 들라크루아. 1840년. 유화. 498×410cm. 루브르 박물관. 파리. 1204년에 콘스탄티노플을 함락해서 학살한 십자군의 모습을 폭로한 19세기 프랑스 화가 외젠 들라크루아의 그림이다. 자비를 구하는 동로마 사람들에게 학살로 응답하는 서로마 사람들이 표현되었다.

아침이 되자 니케아 성벽 위에는 비잔틴 제국의 깃발이 나부끼고 있었다. 1097년 5월, 동방과 서방의 숨겨진 패가 공개되는 순간이었다. 그 속마음을 잘 표현한 그림이 외젠 들라크루아Eugène Delacroix의 「콘스탄티노플에 입성한 십자군」 그림이다. 이 그림은 4차 십자군 당시의 상황을 표현한 것인데, 십자군은 예정된 성지로 가지 않고 1204년 12월에 콘스탄티노플을 점령했다. 거리마다 십자군들에게 살려달라고 자비를 구하는 콘스탄티노플 사람들과 무자비하게 학살을 감행하는 십자군의 모습이 보인다. 이들은 누가 참된 교회였는지를 두고 대립했던 정교회와 가톨릭교회의 후예들인데, 역사에 등장하는 그들의 모습은 이렇게 기억되고 있다.

십자군은 니케아를 지나서 1098년 3월에 에데사를 함락했다. 보두앙Baudoin은 에데사에서 자신을 백작으로 선언했다. 그런데 그는 예루살렘으로 전진하지 않았다. 에데사에 프랑크인의 도시를 건설했고, 거기에 정착해 버린 것이다. 애당초 그것이 목표였기 때문이다. 안티오키아를 점령한 이후에는 보에몽Bohemund이 지배했다.

1099년 7월 13~14일 남은 병력들은 예루살렘에 대한 공성전을 시작했고, 마침내 7월 15일에 거룩한 도시를 탈환했다. 이것이 여덟 차례의 십자군 전쟁 중 예루살렘에서의 처음이자 마지막 승리였다. 예루살렘에 거주했던 이슬람교도들과 유대인들에게는 지옥의 시간이 시작되었다. 심지어 예루살렘에 있었다는 이유로 기독교도들에게도 지옥이 열렸다. 2주간의 광기로 예루살렘에서는 피가 발목을 뒤덮었다.

그런데 7월 18일에 십자군의 실권자 고드프루아Godefroy de Bouillon가 사망했다. 예루살렘의 통치권을 놓고 십자군 귀족들은 탐욕스러운 민낯을 드러냈다. 여기에 교황도 합류했다. 그곳을 교황의 땅으로 만들기 위해서 교황은 특사 다임베르트Daimbert를 파견했다. 그는 예루살렘으로 오는 길에 콘스탄티노플과 키프로스에서 약탈의 본능을 과시했던 성직자였다. 그러나 십자군 귀족들은 교황의 특사에게 권력을 주기보다 고드프루아의 친동생 보두앙에게 왕위를 넘겨주었고, 보두앙이 예루살렘의 왕이 되었다. 이로서 성지를 탈환하면 영토를 반환해 주겠다는 약속은 완전히 취소되었다.[123]

십자군들과의 대화

전쟁은 언제나 죽고 죽이는 법이다. 십자군 전쟁도 예외는 아니었다. 십자군도, 비잔틴 제국도, 이슬람교도들도 전쟁 앞에서는 광기를 드러냈다. 그러나 전쟁이라 해도 정도와 한계는 있게 마련이다. 이슬람교도들의 학살이 응징과 보복의 표출이었다면 십자군의 학살은 잔혹함과 광기의 표출이라고 할 수 있었다. 그들이 입으로 내뱉은 거룩한 이상과 지나간 흔적 사이에는 너무도 큰 괴리가 있었다.

7세기에 팔레스타인이 이슬람교도들에게 점령당했을 때에도 예루살렘에서 기독교도들의 순례는 지속되었다. 이슬람교는 그들의 '이교도'들에게 종교를 막지 않았다. 그런 까닭에 예루살렘은 기독교도나 유대인이나 이슬람교도들에게 공동의 성지였고, 나름의 평화와 질서가 있었다. 십자군이 발을 들여놓기 전까지 비이슬람교도에 대해 차별은 있었지만 종교 탄압이나 대량 학살은 없었다. 이슬람 영역 내에는 '지즈야jizyah'라는 인두세가 있었는데, 이교도들에게 부과된 세금이었다. 그 세금에는 비이슬람교도들을 인정하고 관용해 준

알함브라 궁전 7세기 스페인에서는 이슬람에게 빼앗긴 국토를 회복하기 위해 그들을 몰아내는 시도를 했고, 1492년에 국토를 완전히 회복했다. 스페인 남단 그라나다의 알함브라 궁전은 이슬람이 점령해서 세운 곳이다. 스페인이 그라나다를 침공했을 때 이슬람교도들은 저항하면서도 도시를 훼손시키기보다 조용히 빠져나갔고, 그 문명을 보존시켰다. 알함브라 궁전의 세련된 예술과 아름다운 건축을 보면 이슬람교도들의 숭고한 정신이 엿보인다.

다는 의미가 포함되어 있었다. 이와 반대로 십자군이 지나간 흔적에는 기도, 찬송, 금식은 있었지만 관용은 없었다. 같은 기독교도들끼리 벌인 만행은 앞의 들라크루아의 그림에도 고스란히 담겨 있다. 이로 인해 비잔틴 제국은 1453년에 멸망할 때까지 회복되지 못하고 국운이 기우는 시작점이 되었다.

이슬람교도들이 스페인을 침공했을 때와 반대로 스페인이 이슬람으로부터 잃어버린 국토를 회복하기 위해 벌였던 레콩키스타Reconquista를 비교해 보면 확연히 구분된다. 기독교와 이슬람 중에서 어떤 것이 더 나은 종교인지는 비교할 수 없다. 다만 신앙에 따른 확신의 차이일 것이다. 그러나 이슬람과 기독교가 남긴 흔적을 비교했을 때 누가 더 잔인한가는 평가할 수 있다. 기독교 교리나 성경을 기독교도들의 흔적과 비교했을 때 그들의 흔적 속에는 하나님이 존재하지 않는 것처럼 보였다. 결국 십자군은 팔레스타인에서 패배하고 쫓겨났다. 십자군의 만행을 지켜본 이슬람 역사가 아불 피다Abu al-Fida는 이런 기록을 남겼다.

> 한때 다마스쿠스와 이집트는 물론, 다른 여러 지역까지 넘볼 정도로 막강했던 프랑크인들은 시리아와 그 해안 지방 전역에서 쫓겨났다. 신이시여, 다시는 그들이 이 땅에 발을 붙이지 못하게 하소서![124]

이것이 십자군이 남긴 흔적의 역사다. 그들에게 유대인은 강도 만난 이웃이 아니라 약탈의 대상이었다. 1096년에 유대인들에 대한 십자군의 학살은 프랑스 루앙에서도 자행되었다. 유대인을 살해하면서 십자군은 이렇게 외쳤다. "우리는 하나님의 적과 전쟁을 일으키기 위해 떠난다. 그런데 여기 우리의 한복판에 메시아의 살인자들이 거주하고 있다."[125] 이렇듯 유대인에 대한 학살은 교회의 허가를 받은 당연한 행위였다. 그런데 유대인을 위해 용기를 발휘했던 한 인물이 눈에 띈다. 성 베르나르는 1130년대에 유대인에 대한 학살을 반대했다는 것이 그의 연설문에 잘 드러난다. 광기 속에서도 이성을 발휘하는 것이야말로 진정한 그리스도인의 양심일 것이다.

> 유대인들은 예수 그리스도께서 당하신 고난의 살아 있는 상징입니다. 그

러므로 그 증인들은 결코 박해나 핍박을 받아서는 안 됩니다. 그들은 예수 그리스도를 배척했으므로 나라가 멸망을 당했고, 천 년 넘게 흩어짐을 당했습니다. 우리가 살아가는 곳곳에서 그들의 징계를 보고 있지 않습니까? 하나님은 우리로 하여금 그들의 역사를 통해 보게 하시려고 그들이 징계를 받고 있는 것입니다. 그럼에도 불구하고 그들을 학살하고 제거하려고 한다면 그들의 증인된 역할을 어떻게 볼 수 있겠습니까? 하나님이 그들에게 징계를 주셨다면 반드시 그들을 회복시키실 것입니다. 그들도 역시 하나님의 백성들이며, 눈에 넣어도 아프지 않을 소중한 사람들입니다.[126]

유럽의 유대인들은 성 베르나르를 가리켜 가장 정의로운 비非유대인으로 기억한다. 단테는 『신곡』에서 그를 천국에 있는 인물로 표현하면서 다음과 같이 묘사했다.

사랑과 경이로움, 달콤한 시선은
신성한 생각들의 원인이 되었으니
존경받을 베르나르가 먼저 맨발로
그 커다란 평화를 뒤쫓아 달렸고,
달리면서도 늦은 것처럼 보였지요.[127]

십자군 원정이 일어났을 때 독일에서도 유대인들에 대한 학살이 진행되었다. 십자군 원정 비용을 대기 위한 약탈이 목적이었다. 그러는 동안에 유럽 곳곳에는 돼지의 젖을 먹는 유대인 조각들이 13세기

유댄자우 유대인과 암퇘지의 합성어. 종교개혁가 마르틴 루터가 매주 설교하던 비텐베르크의 성 마리엔 교회 외벽에 새겨진 조각이다. 13세기에 새겨진 것으로 돼지 젖을 빨고 있는 유대인들의 모습이다. 유대인들을 경멸하는 사상이 이런 흔적으로 남아 있다.

부터 새겨지기 시작했다. 종교개혁자 마르틴 루터가 매주 설교하던 비텐베르크의 성 마리엔 교회St. Mary's Church, 시립 교회의 외벽에도 유댄자우Judensau가 새겨졌다. 루터는 종교개혁자였으나 유대인들에 대한 박해를 허용했던 인물이다. 그런 까닭에 제2차 세계대전 당시 베를린에서 히틀러에 의해 루터가 소환된 것은 우연이 아니다. 「쇼생크 탈출」에서 주인공 앤디 듀프레인과 노튼 소장이 감옥에서 독대하는 장면을 기억하는가? 노튼 소장이 휘파람으로 흥얼거리는 곡조는 루터의 「내 주는 강한 성이요」라는 찬송이다!

종교개혁의 후예들은 제2차 세계대전을 일으켰고, 수백만 명의 유대인들을 수용소에서 제거했다. 가스실에서 유대인을 죽였던 독일 병사들이 노년이 되어서도 죄책감을 느끼지 못했다는 고백은 충격적이다. 그 이유는 그것이 '신의 이름으로' 자행된 행위라는 세뇌를 받았기 때문이다. 1944년 4월 29일에 아우슈비츠에서 한 유대인이 남긴 「마지막 유대인의 노래」라는 가사는 다음과 같다. '신의 이름으로 자행되는' 행위들이 지금도 수없이 벌어지고 있다. 과연 누구를 위한 것일까?

> 단 한 사람의 목숨도 구하지 못했네.
> 그것은 다만 너희들의 천국인 것일까?
> 그것이 너희들의 천국이라면,
> 그것은 누구를 위한 것일까?
> 누구를 위한….[128]

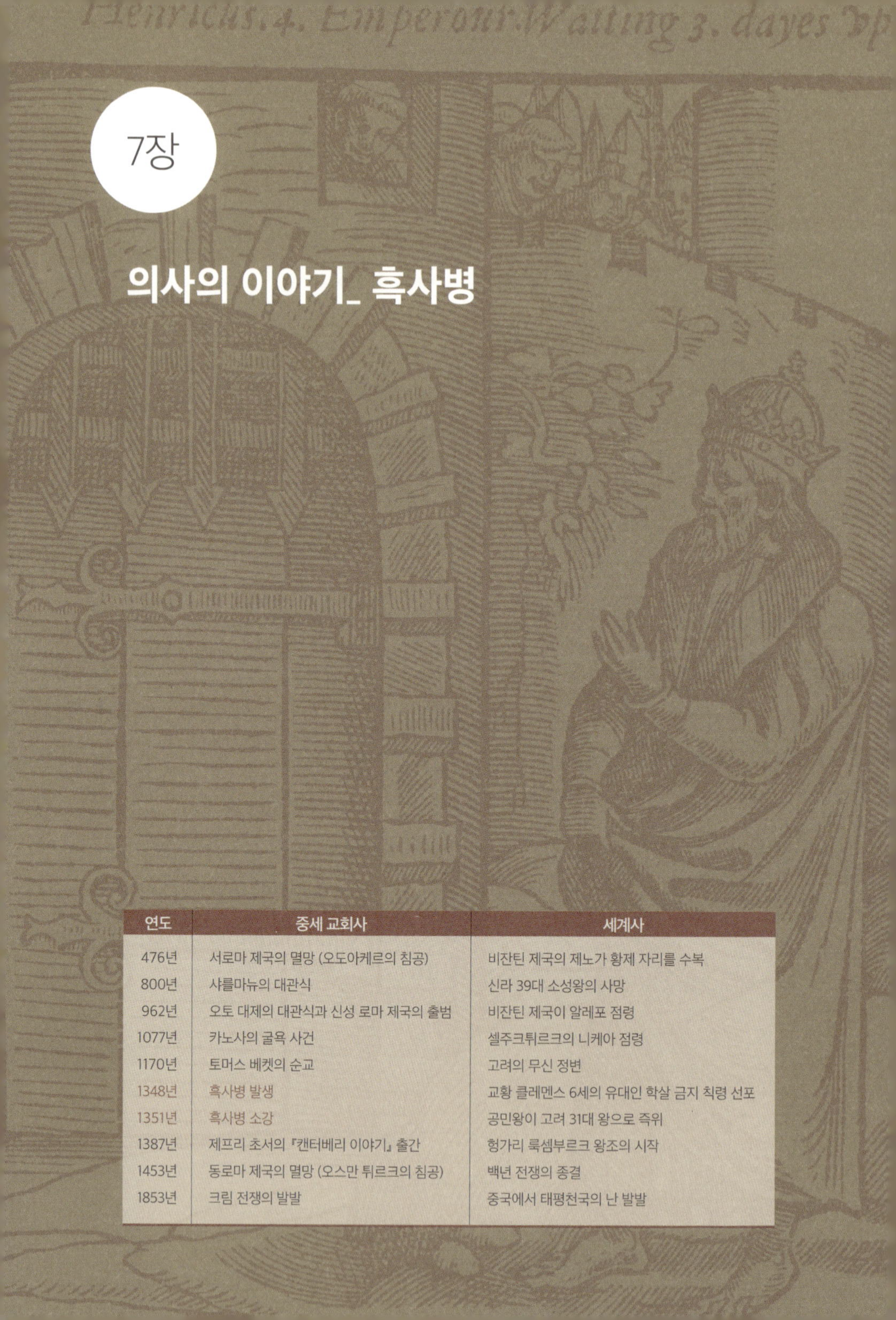

7장

의사의 이야기_ 흑사병

연도	중세 교회사	세계사
476년	서로마 제국의 멸망 (오도아케르의 침공)	비잔틴 제국의 제노가 황제 자리를 수복
800년	샤를마뉴의 대관식	신라 39대 소성왕의 사망
962년	오토 대제의 대관식과 신성 로마 제국의 출범	비잔틴 제국이 알레포 점령
1077년	카노사의 굴욕 사건	셀주크튀르크의 니케아 점령
1170년	토머스 베켓의 순교	고려의 무신 정변
1348년	흑사병 발생	교황 클레멘스 6세의 유대인 학살 금지 칙령 선포
1351년	흑사병 소강	공민왕이 고려 31대 왕으로 즉위
1387년	제프리 초서의 『캔터베리 이야기』 출간	헝가리 룩셈부르크 왕조의 시작
1453년	동로마 제국의 멸망 (오스만 튀르크의 침공)	백년 전쟁의 종결
1853년	크림 전쟁의 발발	중국에서 태평천국의 난 발발

「성 삼위일체(Holy Trinity)」 토마소 디 지오반니(Tommaso di Giovanni). 1424-1427년. 프레스코화. 667x317cm. 산타 마리아 노벨라. 피렌체. 중세를 대표하는 화가 지오반니의 필명은 마사초(Masaccio)였으며, 그의 대표작이다. 중세에 유행한 평면 모자이크 예술을 탈피해서 이 그림에서 보는 것처럼 원근법과 입체적 표현을 시도했다. 맨 아래에는 해골 모양이 그려져 있는데, 그것이 바로 '죽음을 생각하라'는 메멘토 모리 표현 양식이다. 흑사병 이후에 이런 양식이 남아 있다. 그 아래 적힌 내용은 이렇다. "나는 과거에 지금의 당신과 같았고, 당신 또한 나와 같이 될 것이다."

우리 일행 가운데 의사가 한 사람 있었다. 의학과 수술 분야에서 그와 겨룰 수 있는 사람은 아무도 없었다. 그는 점성술에 능통했기 때문이다.

(중략)

그런데 그는 영혼의 양식인 성서를 거의 읽지 않았다. 오히려 흑사병 덕택에 번 돈을 모두 저금하는 구두쇠였으며, 의학에서 강장제로 효능이 좋

다는 금이 최고라고 믿어서인지, 그는 황금을 각별히 사랑했다.[129]

흑사병에 걸린 유럽인들

타바드 인에 모인 순례자들 중 의사가 입을 열었다. 의사는 돈을 벌기 쉬운 직업이었다. 병든 사람들은 지푸라기라도 잡는 심정이지만 의사들이 내리는 처방을 확인할 방법은 없다. 그래서 마음만 먹으면 의사들은 돈을 마음껏 벌 수 있었다. 중세 시대의 질병은 육체적이라기보다 영적인 영역이 더 강했다. 즉 죄의 결과로 신이 내린 징벌이 질병이라고 생각했다. 따라서 질병에 걸렸을 때 성직자들의 역할과 진단이 중요했다. 의사들도, 성직자들도, 그리고 모두가 당황했던 것이 바로 흑사병이었다.

중세에는 흑사병이 창궐했지만, 당시 사회는 이미 흑사병이 아니더라도 콜레라든 결핵이든 어떤 전염병이라도 옮길 준비가 완벽하게 되어 있었다. 결핵은 빈민들에게 찾아오는 단골손님이었고, 이에 못지않은 것이 영양실조였다. 종두법이 발견되기까지 홍역도 공포스럽기는 마찬가지였다. 중세의 위생 상태가 그러했고, 마땅한 위생 규정도 없었다. 질병이 세균에 의해 감염된다는 사실은 한참 후에야 발견되었다. 영양 상태는 열악했고, 영아 생존율도 희박했다. 십자군 원정에서도 확인된 사실이지만, 아랍인들은 상당히 앞선 의술을 보유하고 있었다. 그들은 상처에 고약을 발랐다. 반면에 십자군은 상처가

나면 절단하는 게 고작이었다. 서양에서는 여전히 2세기 로마 시대에 쓰여진 갈레노스Galenos의 의학에 의존하는 정도였다. 따라서 14세기에 나타난 흑사병은 그야말로 '때가 차매' 나타난 것이었다.

위생 상태를 높여서 감염을 줄이고 사망률을 낮추기 시작한 것은 크림 전쟁의 영웅이었던 백의의 천사 나이팅게일 덕분이다. 그렇게 병균의 감염과 위생의 관계가 알려졌는데, 그로부터 5백 년 전 유럽의 의학은 그야말로 암흑 수준이었다. 나이팅게일이 활약했던 크림 전쟁은 흑해의 크림 반도에서 벌어진 전쟁이었다.

흑사병의 시작도 크림 반도의 카파Kaffa 항구에서였다. 이곳은 유럽의 상인들과 몽골 제국, 이슬람권 문명의 교역이 활발한 항구 도시였다. 1347년에 이곳에서 이탈리아 상인이 이슬람 상인을 살해하는 사건이 발생했는데, '이슬람의 수호자'라고 외친 킵차크한국Kipchak Khanate의 칸은 몽골 군대를 이끌고 와서 이 도시를 에워쌌다. 그러나 이미 몽골 군대에서는 페스트균이 돌고 있었고, 병사들이 죽어나가기 시작했다. 몽골 군대는 어쩔 수 없이 포위를 풀고 퇴각할 때 페스트에 감염된 시체를 대포에 넣고 성 안으로 발사했다. 카파의 시민들은 포탄처럼 쏟아지는 시체들을 치웠지만 감염을 피할 수는 없었다. 유럽인들을 공포로 몰아넣었던 '살인 기계' 몽골군이 퇴각한 것을 두고 기독교도들은 하나님이 주신 승리라고 믿었다. 그러나 페스트균은 상선을 타고 마르세유, 베네치아, 제노바 등지로 퍼져가면서 병을 옮겼고, 질병은 유럽 전역으로 확산되었다.

몽고인들로부터 전파된 페스트균은 벼룩을 통해 쥐에게 옮겨졌고, 쥐와 가축은 그것을 확산시켰다. 병균은 사람의 몸속에서 대체로 2~6일 간의 잠복기를 거친 후 사과 크기의 종기로 나타났다. 결국 감염된 사람들은 각혈을 하고 악취를 풍기면서 죽어갔다. 치사율은 거의 100퍼센트에 가까웠고, 눈만 마주쳐도 죽는다는 말이 돌 정도였다. 당시 아비뇽 교황청의 의사가 경험했던 페스트의 증상은 다음과 같았다.

> 사람들은 7개월 동안 계속 죽어갔다. 그들에게는 두 가지 유형이 있었다. 하나는 계속 열이 나면서 피를 쏟는 증세였는데, 사흘 만에 죽는 경우도 있었다. 또 하나는 발열과 함께 겨드랑이나 사타구니에 등창이 생기는 것이다. 이 증세로 닷새 만에 죽은 자도 있었다.[130]

그러니 가족이라 할지라도 나부터 살고 볼 일이었다. 그만큼 흑사병 앞에서는 가족도 친구도 없었고, 신앙도 무의미했다. 사람들이 아침마다 본 것은 거리에 겹겹이 쌓여 있는 시체들이었다. 시청에서는 사망자들을 수거해 가기 바빴다. 전염으로 인해 남편은 죽어가는 아내를 버렸고, 부모는 자녀들을 버렸다. 흑사병의 공포로부터 달아나는 사람들이 행렬을 이루었다. 항구에서 시체들이 가득 찬 선박은 유령선이 되었다. 곳곳에는 부모를 잃은 아이들이 하염없이 울부짖었다. 유럽 인구의 3분의 1을 넘게 앗아간 이 질병은 사회의 구조, 사고방식, 생활까지 모조리 바꾸어 버렸다. 심지어 종교, 노동력, 예술까지도 그랬다.[131]

메멘토 모리(*Memento mori*) 서양 예술에서 자주 접하는 것이 해골 모양이다. 이것은 흑사병 이후 '죽음을 기억하라'는 사조를 표현한 것으로서 예술에 자주 등장하는 사상이다. 그만큼 흑사병이 사회에 미친 영향력은 엄청났다.

흑사병의 위력을 어떻게 설명할 수 있을까? 중세 흑사병의 위력과 결과를 가장 잘 비유한 것이 핵전쟁이다. 피해 범위와 살상 규모, 경제적 손실 등 모든 면에서 그렇다.[132] 그것을 감안한다면 유럽의 중세 사회는 결코 낭만적인 시대가 아니었다. 13세기만 해도 유럽 인구가 1억 2,300만 명이었지만 흑사병이 휩쓸고 간 유럽에서는 6,500만 명만 살아남았다!

> 아버지는 아들을 버리고, 아내는 남편을, 형제는 자기 형제를 버렸다. 이 페스트는 우리의 숨과 눈을 뚫고 가는 것처럼 보인다. 그들은 그렇게 죽었다. 그리고 우정이나 돈으로도 죽은 이를 묻어 줄 사람이 없었다. 시신 가운데에는 흙이 제대로 덮이지 않아서 개들이 먹어 치우는 경우도 있었다.[133]

신의 징벌

13세기 몽골이 유럽을 침공한 이후 동서 교역은 더욱 빨라지고 확대되었다. 중국의 비단과 이슬람의 향료가 들어오면서 지구촌의 소식들도 유럽의 안방으로 전해졌다. 14세기 유럽에는 뜻하지 않은 한파와 가뭄이 있었는데, 중국에서도 유독 끔찍한 지진과 자연재해의 흉흉한 소식이 들려왔다. 그렇게 찾아온 흑사병은 신이 내린 진노라고 생각하게 되었다.

하나님의 아들인 그리스도가 태어나신 지 1348년이 되었을 때 이탈리아에서 가장 아름답고 번영한 도시 피렌체에 무서운 흑사병이 덮쳤습니다. 이 유행병은 천체의 작용에 의한 것인지, 아니면 우리들 인간의 악함을 응징하기 위해 하나님이 내린 정의로운 노여움에 의한 것인지 알 도리는 없지만, 몇 해 전 동양에서 생겨나 수많은 사람들의 목숨을 빼앗은 뒤 여기저기로 잇따라 번져서 무섭게도 서양에까지 이른 것입니다.

이에 대해서는 어떤 인간의 지혜도, 예방의 대책도 소용이 없었습니다. 아무튼 그 때문에 임명된 관원들이 시내에서 산더미 같은 오물을 치워내고 환자는 시내에 들어오지 못하게 했으며, 병을 막기 위한 온갖 예방 조치가 내려졌습니다. 그리고 또 신앙심 깊은 사람들이 자주 행렬을 이룬다든지 해서 갖가지 기도문을 되풀이했지만 아무 소용없었습니다. 흑사병은 무서운 감염력을 발휘하여 처참한 양상을 띠기 시작했습니다.[134]

「채찍질 고행단의 행렬(A Procession of Flagellants)」 프란시스코 고야(Francisco Jose de Goya Y Lucientes). 1812-1814년. 패널에 유화. 46x73cm. 산페르난도 왕립미술아카데미. 마드리드. 이 행위는 19세기에도 남아 있던 관행이었는데, 고야는 이런 그림을 그리면서 비이성적인 종교의 요구를 폭력이라고 규정하며 맞섰다. 스페인의 마녀사냥을 없앤 것은 교회의 관용이 아니라 고야와 같은 예술가들의 힘이었다.

신의 분노로 흑사병이 생겨났다면 그 원인을 제거하는 것이야말로 신의 진노를 누그러뜨리는 것일 게다. 신을 노엽게 한 것은 무엇이었을까? 인간의 죄악 때문이라는 생각에 유럽 곳곳에서 '채찍질 고행단'이 등장했다. 질병의 원인을 제거하기 위해 종교심에서 비롯된 채찍질은 무력한 인간이 할 수 있는 유일한 방법이었는지도 모른다. 육체에 고통을 가하는 행위는 이미 11세기 수도원에서 시작되었고, 참회를 증명하는 수단으로 사용되었다. 그런 음성적이고 비이성적인 행위들이 흑사병과 함께 사회 속에서 표출되었다. 채찍질 고행단의 행위는 그것을 원인으로 인정하지 않는 사람들에게는 폭력이나 다름없었다. 자신들의 죄와 무관한 죄를 고백하고 참회를 증명해야 했기 때문이다. 죽음의 공포 앞에서 성직자들이 요구하는 것은 오직 무릎을 꿇으라는 강요뿐이었다.

> 오 너희 자녀들이여, 너희 신앙 없는 자녀들이여.
> 너희는 죄를 회개하지도, 거룩한 주일을 지키지도 않았다.
> 나는 너희들에게 사라센 사람, 이방인, 해충,
> 지진, 기근, 번개와 천둥, 물과 홍수를 보냈다.
> 그러므로 나는 너희들과 살아 있는 모든 것을
> 이 지상에서 없애 버릴까 생각했다.[135]

그런데 참회를 요구하던 성직자들의 피해가 가장 컸다. 그것은 신의 진노로 설명할 수 있는 현상이 아니었기 때문이다. 장례식을 주관해야 할 성직자들은 질병에 가장 취약했고, 나중에는 장례식을 진행할 성직자들이 부족했다. 그래서 인부들이 돈을 받고 죽은 사람들을 서둘러 구덩이에 매장하기 바빴다. 망자들은 제대로 된 장례 절차도 받지 못하고 땅 속으로 들어갔다. 가난한 사람들에게는 이마저도 사치였다. 집집마다 시체가 썩는 냄새로 가득했고, 매장이 취약한 무덤을 개들이 파서 시체를 뜯어 먹는 경우도 있었다. 과연 이 죽음의 향연이 의미하는 것은 무엇일까? 누구의 책임인가?

> 이처럼 우리의 도시가 한탄의 바닥에 가라앉고 비참의 바닥에 빠져 있는 동안 인간의 규범은 물론, 하나님의 거룩한 법도의 권위도 거의 땅에 떨어지고 말았습니다. 그러한 법도의 집행자인 고위 관리들이 여느 사람들과 마찬가지로 모두 죽거나 병들어 버리고 하급 관리도 모자라 관청 일을 할 수 없게 되었기 때문입니다.
>
> (중략)
>
> 하층 계급이나 중산 계급 사람들은 더 비참했습니다. 대부분 가난한 탓인지, 살게 될지도 모른다는 희망에서인지, 저마다 자기 집이나 구역 안에 머물러 있었기 때문에 몇 천 명씩 병이 옮았습니다. 그리고 간호커녕 아무 도움도 얻지 못한 채 살아나는 일 없이 모두 죽었습니다. 이로 인해 밤낮없이 길거리에서 죽어가는 숱한 사람들을 볼 수 있었습니다. 집 안에서 죽는 사람도 그만큼 많았으며, 이웃 사람들은 시체에서 풍기는 악취가 날 때까지는 누가 죽어 나가도 알 수 없는 형편이었습니다. 그리하여 이 사람도, 저 사람도 모두가 죽어 버려서 도시 전체가 묘지가 돼 버렸습니다.[136]

흑사병 앞에서 이성과 신앙은 광기로 변했다. 그들이 할 수 있는 것은 '공동의 적'을 만드는 것이었다. 공동의 적 앞에서 인류는 단결하지 않았던가? 그 대상은 유대인이었고, 그들이 질병을 퍼뜨렸다는 소문이 돌았다. 유럽 곳곳마다 유대인은 응징의 대상이 되었고, 유대인 공동체가 흔적도 없이 사라지는 곳도 많았다. 공식적으로 6개의 유대인 공동체와 150개의 군소 공동체가 사라졌고, 350건의 대학살이 발생했다. 1351년에 흑사병이 물러가면서 그제야 유대인에 대한 광기도 그쳤다.

흑사병과의 대화

문명을 발전시키고 신앙을 이성으로 규명하고자 했던 스콜라 철학의 지혜는 흑사병 앞에서 여지없이 광기로 변한다는 것을 보았다. 14세기에 발생한 흑사병은 인간의 무기력함을 드러냈고 20세기에도 그러했다. 흑사병은 인간 군상들의 본능을 마음껏 보여주었다. 알베르 카뮈Albert Camus의 소설 『페스트』는 중세 시대에 절규하던 사람들을 짐작하게 한다. 카뮈의 소설 속에는 어느 작은 도시에 페스트균이 퍼진 이야기가 기록되어 있다. 쥐들이 피를 토하며 죽어가기 시작했고, 사람들도 쥐들의 운명을 뒤따랐다. 사람들은 질병 앞에 무기력하고 지독히 이기적이었다. 국가 또한 페스트 앞에서는 전혀 힘을 쓰지 못했으며, 언론은 페스트를 두고 사실을 왜곡하기에 바빴다. 공교롭게도 페스트가 시작된 날은 4월 16일이다!

카뮈는 의사 리유를 통해 이야기를 전개해 나간다. 수단과 방법을 가리지 않고 혼자 살겠다고 탈출하려는 기자 랑베르가 있고, 혼란한 틈을 타서 인생의 반전을 꿈꾸는 죄수 타루가 있다. 무엇보다 눈길을 끄는 인물은 '존경 받는 성직자' 파늘루 신부다. 신부는 페스트가 인류에 내려진 재앙이므로 모든 사람들에게 회개하고 참회할 것을 촉구하지만, 결국 그도 신의 재앙 앞에서 목숨을 잃는다. 과연 페스트 앞에서 인간이 해야 할 것은 무엇인가? 암흑 같은 인간의 실존 앞에서 페스트는 어떤 의미를 차지하는가? 그것이 인간에게는 너무 부조리하지 않은가?

역사상 둘에 둘을 보태면 넷이 된다고 감히 주장할 수 있는 사람에게도 죽음의 벌을 받는 시간은 반드시 오는 법이다. 문제는 그런 논리의 끝에는 어떤 보상이나 벌이 기다리고 있느냐가 아니다. 그것보다 우리가 페스트 속에 있느냐 아니냐, 그리고 페스트와 싸워야 하느냐 아니냐 하는 것이었다. 그들은 그 해답을 결정해야만 했다.

그 무렵 우리 시에서 수많은 새 모럴리스트들은 아무것도 소용없고 오직 무릎을 꿇는 수밖에 없다고 말하면서 돌아다녔다. 타루도 리유도 그들의 친구들도 이런저런 대답을 할 수 있었지만, 결론은 항상 그들이 잘 알고 있는 것이었다. 즉 이런 방법으로든 저런 방법으로든 싸워야 한다는 것이지, 무릎을 꿇어서는 안 된다는 결론이었다. 문제는 될 수 있는 한 많은 사람들로 하여금 죽거나 결정적인 이별을 겪지 않도록 도와주자는 데 있었다. 그러려면 유일한 방법은 페스트와 싸우는 것이었다. 그 진리는 찬탄을 받을 만한 것은 못 되고 다만 필연적인 귀결이었다.[137]

흑사병을 마무리하면서 알베르 카뮈에게 귀를 기울여 보자. 인류는 불가능한 일을 가능하게 만든 존재이지만 불가능한 만행도 저지른 본성을 갖고 있다. 자연과 질병을 규명하려고 했지만 그 앞에서는 철저하게 무기력했다. 그 인간에게 종교는 어떤 의미가 있을까? 무기력한 인간의 무릎을 꿇리는 것은 종교의 역할이 아닐 것이다. 연약한 인간에게 손을 내밀고 암흑에 맞서서 싸울 수 있는 용기를

알베르 카뮈와 그의 무덤 인간의 실존을 고민하며 부조리를 극복하기 위해 노력했던 카뮈는 1957년에 노벨문학상을 수상했다. 그러나 1960년에 갑작스러운 교통사고를 당하면서 생을 마감했고, 프랑스 남부의 루르마랭(Lourmarin)이라는 작은 마을에 잠들게 되었다.

주는 것이 종교의 역할 아니겠는가?

> 만약 부조리 앞에서 아무것도 의미를 가진 것이 없더라도 그것은 옳은 것이다. 그러나 어딘가에 여전히 의미를 가진 것은 존재한다.
>
> 알베르 카뮈

8장

캔터베리가 주는 교훈

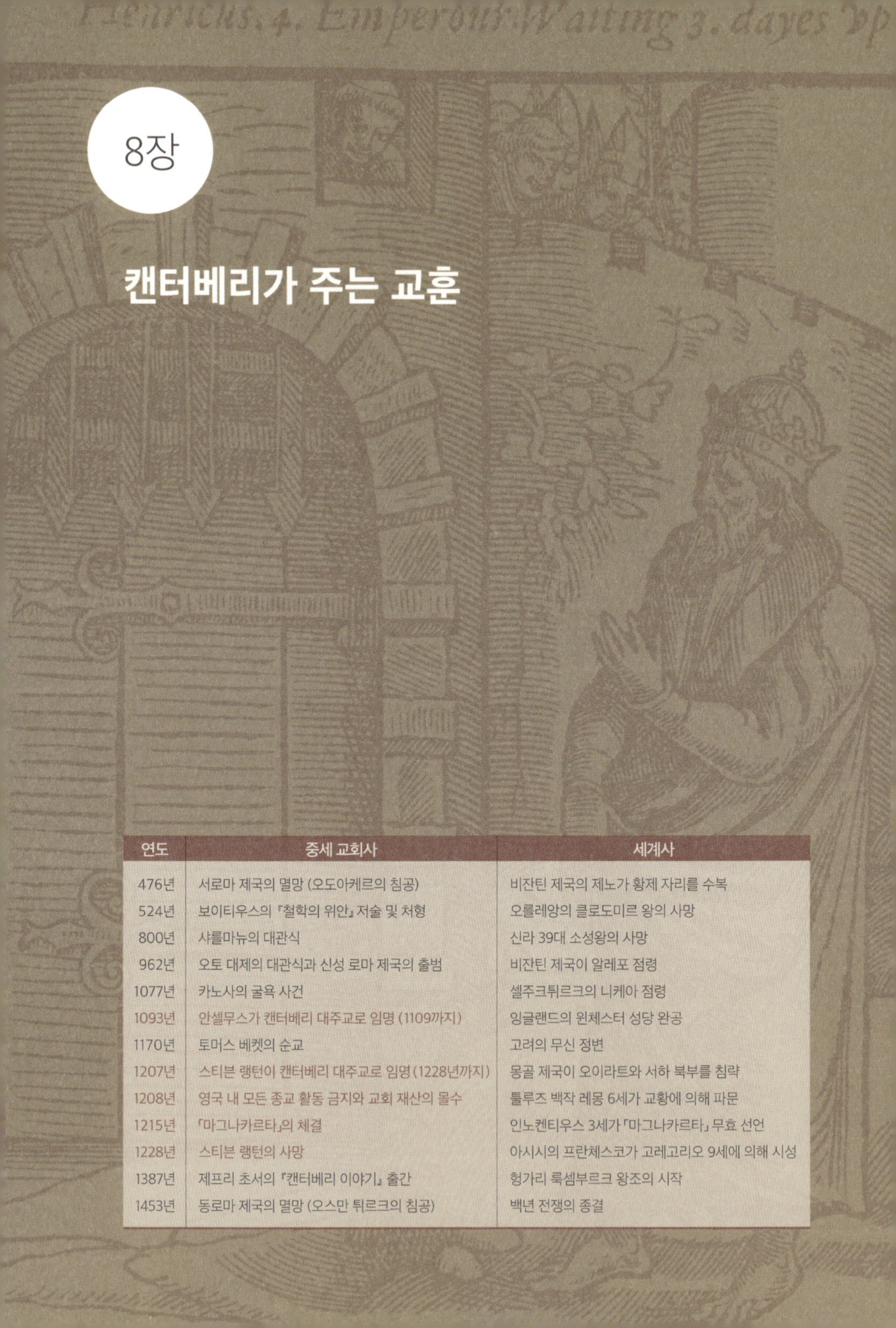

연도	중세 교회사	세계사
476년	서로마 제국의 멸망 (오도아케르의 침공)	비잔틴 제국의 제노가 황제 자리를 수복
524년	보이티우스의 『철학의 위안』 저술 및 처형	오를레앙의 클로도미르 왕의 사망
800년	샤를마뉴의 대관식	신라 39대 소성왕의 사망
962년	오토 대제의 대관식과 신성 로마 제국의 출범	비잔틴 제국이 알레포 점령
1077년	카노사의 굴욕 사건	셀주크튀르크의 니케아 점령
1093년	안셀무스가 캔터베리 대주교로 임명 (1109까지)	잉글랜드의 윈체스터 성당 완공
1170년	토머스 베켓의 순교	고려의 무신 정변
1207년	스티븐 랭턴이 캔터베리 대주교로 임명(1228년까지)	몽골 제국이 오이라트와 서하 북부를 침략
1208년	영국 내 모든 종교 활동 금지와 교회 재산의 몰수	툴루즈 백작 레몽 6세가 교황에 의해 파문
1215년	「마그나카르타」의 체결	인노켄티우스 3세가 「마그나카르타」 무효 선언
1228년	스티븐 랭턴의 사망	아시시의 프란체스코가 고레고리오 9세에 의해 시성
1387년	제프리 초서의 『캔터베리 이야기』 출간	헝가리 룩셈부르크 왕조의 시작
1453년	동로마 제국의 멸망 (오스만 튀르크의 침공)	백년 전쟁의 종결

「이카로스의 추락이 있는 풍경(Landscape with the Fall of Icarus)」 피터르 브뤼헐. 1558년경. 캔버스에 유화. 112x73.5cm. 벨기에 왕립미술관. 브뤼셀. 이카로스는 그리스 신화에 나오는 인물로서 부친 다이달로스가 만들어 준 날개로 하늘을 날다가 물에 빠졌다. 흥미로운 것은 이카로스의 추락 장면은 찾아보기 어려울 만큼 미미하다는 것이다. 오른편 배 아래 물속에 빠진 이카로스의 다리만 보인다. 그런데 브뤼헐은 농민이 밭을 가는 것과 목동이 양떼를 돌보는 것을 중심에 놓고 있다. 신앙심이 깊었던 브뤼헐이 말하려는 것은 세상이 어떠하든 우리에게 주어진 삶을 살아내는 것이야말로 진정 의미 있다는 것이 아닐까?

바스 근교에서 온 훌륭한 여장부가 있었다. 평생 존경을 받으며 살아온 그녀는 교회에서 다섯 번이나 결혼했다. 그나마 소싯적에 사랑했던 남자들의 수는 제외한 것이다. 세 차례나 예루살렘에 다녀왔고, 로마와 볼로냐뿐만 아니라 에스파냐에 있는 산티아고 데 콤포스텔라와 쾰른에도 가 보았다.[138]

성 야고보 성당이나 로마의 순교자 성당을 찾아가는 순례자들이여, 진리를 찾아 떠나십시오. 그분은 여러분 모두를 구원할 만한 권능이 있는 분이십니다.[139]

제프리 초서가 하고 싶었던 말

끝으로 제프리 초서의 맞은편에 앉아 있는 이들은 바스Bath에서 온 여인과 목수, 방앗간 주인이다. 바스의 여인은 신앙심은 깊지만 한 성격 하는 인물이다. 순례라면 가보지 않은 곳이 없을 만큼 열심이지만 주변 사람들로부터 그다지 존경 받을 만한 구석이 없다. 아마 자신의 종교를 밝히지 않았다면 절대 교회에 다닌다고 상상할 수 없을 듯한 여인이다. 그녀가 가정을 돌보고 자녀들을 양육하는 것보다 더 관심을 두는 것은 성직자들의 환심을 사는 것이다. 그래서 누구보다 순례를 많이 다녔고, 교회에서는 사제들의 눈에 들기 위해 노력했다. 심지어 교회에 헌금을 바치거나 봉사하는 일에 있어서도 다른 사람들에게 지는 것을 싫어했다. 그런데 그녀가 외우는 것이라고는 고작 「사도신경」과 「주기도문」밖에 없다.

> 사람이 하나님의 비밀을 캐내려고 해서는 안 되는 법입니다. 「사도신경」 이외에는 아무것도 모르는 사람이야말로 얼마나 행복합니까! 그런데 천문학을 공부하는 어떤 학생이 하나님의 비밀을 공부하려고 합니다. 하늘에 계신 그리스도님이시여! 그 자가 그 공부를 못하도록 제가 혼내 주겠습니다.[140]

목수나 방앗간 주인도 바스의 여인과 크게 다르지 않다. 이들은 사제들의 파문이 두려워서 일주일에 한 번씩 교회에 나간다. 물론 졸다가 오는 경우가 대부분이지만 이런 관행은 중단된 적이 없다. 그들이 주중에 하는 것이라곤 「주기도문」을 외우는 것뿐이지만, 「주기도문」이 자신들의 종교적 정체성을 드러내 준다는 뿌듯함을 가지고 살아간다.

이들은 타바드 인에 모여서 종교적인 이야기를 나누지만, 성경적인 내용은 없다. 복잡한 성경과 교리 이야기는 성직자들이나 하는 이야기라며 손사래를 친다. 그들에게 종교적인 이야기란 교회 생활을 하면서 했던 순례, 헌금, 출석 같은 것들이 전부다. 이들은 중세인들의 전형적인 모습일 것이다. 그렇다면 그런 사람들에게 '신앙'의 구체적인 모습은 무엇일까? 순례, 헌금, 「사도신경」과 「주기도문」이 그들의 신앙을 나타내는 구체적인 표식일 뿐이다. 그들을 바라보던 초서가 입을 연다.

> 도덕적으로 뛰어난 인간의 성품은
> 지체 높은 가문에서 나오기가 어렵죠.[141]

웨스트민스터 사원(Westminster Abbey) 중세에 대한 귀중한 자료를 제공한 『캔터베리 이야기』의 저자 제프리 초서는 현재 런던 웨스트민스터 사원의 시인 코너에 안치되어 잠들어 있다.

초서는 아주 뼈 있는 말을 했다. 종교적 생활과 도덕적 숭고함은 다르다는 것이다. 중세인들은 신앙의 구체적인 행위를 종교적 관행이라고 여겼지, 결코 도덕적 변화를 떠올리는 것은 아니었다. 초서의 표현 속에서 신앙은 도덕적으로 뛰어난 성품으로 표현되어야 한다는 말이 아닐까? 이것은 초서의 개인적 생각이 아니다. 그는 단테의 이야기를 인용하고 있었던 것이다.

타바드 인에 모인 이들은 모두 기독교도들이다. 그러나 기독교와 도덕적 성품이 무관하다면 그것은 더 이상 종교가 아닌 이데올로기일 뿐이다. 그들에게 입을 연 사람은 가장 남루해 보이는 옷차림의 하급 사제였다.

마음씨 착한 사제도 있었다. 가난한 교구 사제였지만 성스러운 생각과 몸짓에서는 넉넉한 부자였다. 그는 학식이 깊은 신학자로서 그리스도의 복음을 널리 전도하며, 신자들에게 경건한 태도로 진리를 가르치려 했다.

그는 십일조를 내지 못했다는 이유로 파문에 처하는 행위를 끔찍하게 증오했다. 또 교회의 헌금이나 자신의 수입을 빈곤한 신자들에게 기꺼이 나누어 주었다. 이처럼 그는 부족함 속에서 만족을 찾는 사람이었다. 이 사제는 선행과 모범을 통해 사람들을 천국으로 이끄는 것이 자신의 유일한 목적이었다.

사제들은 이 점을 가슴속 깊이 새겨야 할 것이다. 양떼는 깨끗한데 양치기가 더럽다면 부끄러운 일이 아닌가? 이 사제는 성당을 남에게 맡겨 놓고 런던의 세인트 폴 성당으로 달려가 부유하게 살다간 영혼의 평안을 위해 미사를 해 주고 수입을 얻거나, 직업조합의 사제로 고용되어 봉사하느라 자기 교구의 양들이 흙탕물 속에서 길을 잃고 헤매도록 내버려 두는 무책임한 행동은 하지 않았다.[142]

초서가 봤을 때 이 사제에게서 화려함이나 영웅담은 찾아볼 수 없었다. 그러나 확신에서 표출되는 당당함이 엿보였다. 그는 회개할 줄 모르는 사람들을 볼 때면 지위에 상관없이 준엄하게 꾸짖었다. 강자에게 담대하고 약자에게는 겸손했다. 그래서 초서는 이 사제보다 훌륭한 성직자는 없다고 강조한다. 그는 고관들의 부탁을 받고 근엄하게 미사를 집례해 주면서 주머니를 두둑하게 챙길 마음이 없다. 그래서 그가 집례하는 미사에서는 사람들의 비위를 맞추는 표현이 없다. 그는 자신이 하고 싶은 말이 아니라 그리스도와 사도들의 이야기를 전달하는 사람이었으며, 그것을 말하기 전에 먼저 자신이 솔선해서 지키는 사람이었다.[143]

이 사제가 캔터베리에 가는 이유는 명확하다. 캔터베리의 대주교였던 안셀무스와 스티븐 랭턴Stephen Langton을 만나기 위해서다. 과연 이들은 누구였기에 그가 그토록 만나고 싶어 하는 것일까?

안셀무스 캔터베리 대성당 외벽에는 대주교를 역임한 안셀무스가 조각되어 있다. 그는 지성과 영성을 겸비한 인물로 스콜라 철학을 일으켰고, 세상과 소통하던 시대의 양심이었다.

안셀무스

믿음을 전제하지 않는 것은 오만이며, 이성을 사용하지 않는 것은 태만이다.

안셀무스

안셀무스는 16년간 캔터베리 대주교를 역임했다. 이탈리아 출생의 수도사로서 옥스퍼드에서 수학했던 명석한 학자였다. 그의 이력에서도 볼 수 있듯이 그는 영성을 추구했으며, 학문 연구에도 소홀하지 않았다. 안셀무스는 역사의 중요한 한 획을 그은 인물이었다. 중세 시대에 스콜라 철학을 일으켰기 때문이다. 그것을 통해 교회의 개혁을 단행했고, 세상과의 소통을 시도했던 학자였다.

명석한 학자였지만 상아탑에만 갇혀 있지 않았고, 그렇다고 이성으로 신앙을 판단하지도 않았다. 그가 초석을 다진 스콜라 철학은 이성과 언어로 신앙을 표현하려는 것이었다. 만일 안셀무스의 스콜라 철학이 없었다면 종교는 신비의 영역에 국한되었을 것이고, 결코 세상으로부터 객관성을 얻을 수 없었을 것이다. 즉 종교는 주관적일수록 세상으로부터 고립되는 법이다.

안셀무스는 신앙과 이성을 모두 중요하게 생각했다. 그럼에도 불구하고 그가 했던 가장 유명한 말은 "나는 이해하기 위하여 믿는다*Credo ut intelligam*"라는 표현이다. 교회는 신앙이 중요하며, 그것이 사라진다면 더 이상 교회일 수 없다. 그러나 이성의 적절한 활용을 통해 교회는 세상과 소통할 수 있다. 신앙이 독선적으로 되지 않기 위해서는 이성의 도움을 받아야 한다. 안셀무스는 과학과 종교의 대화를 모색한 선구자였던 것이다.

안셀무스의 이 정신은 교회가 붙잡아야 할 유산이다. 교회가 쓰는 용어가 세상과 공유되지 않는 언어를 쓴다면 그 교회는 폐쇄적인 집단이 될 것이다. 안셀무스는 교회의 가치가 이성적이며 세상과 소통할 수 있음을 보여준 인물이었다. 그의 조언을 간과한다면 교회는 맹신과 광신 중간 즈음에 있을 것이다. 소통이 없는 교회는 즉시 생명력을 잃기 때문이다. 동시에 교회는 자신의 치부를 악마 뒤에 숨기고, 신의 이름을 빙자하는 또 다른 악마가 될 수도 있다.[144] 그래서 교황청이 십자군 운동을 일으킬 당시 안셀무스는 이에 대해 강하게 반대했다. 우리는 세상과 소통하고 있는가?

스티븐 랭턴 대주교

스티븐 랭턴 1215년 「대헌장」의 주역이었던 스티븐 랭턴은 용서와 화해를 이끈 위대한 인물이었다. 캔터베리 대성당 외벽에 그의 조각이 새겨져 있다.

지금까지 정치와 종교의 결탁과 갈등을 여러 차례 살펴보았다. 샤를마뉴와 오토 대제가 교황과 결탁을 했고, 그 후에는 끊임없는 분열과 갈등이 발생했다. 하인리히 황제가 눈밭에서 무릎을 꿇었고, 베켓 대주교가 살해 되었다. 1207년에 스티븐 랭턴은 영국 교회의 수장인 캔터베리 대주교로 임명되었다. 토머스 베켓이 살해된 것이 1170년이었으니, 스티븐 랭턴이 임명된 것은 불과 한 세대 후의 일이다. 랭턴은 영국에서 태어났고, 파리 대학에서 수학하면서 유럽 최고의 실권자였던 인노켄티우스 3세와 친분을 가졌다. 인노켄티우스 3세는 권력의 최정점에 있었던 인물이다.

인노켄티우스 3세가 재위에 올랐을 당시, 영국은 사자심왕 리처드가 십자군 원정에서 돌아오는 길에 포로로 잡히면서 10만 파운드라는 천문학적인 배상금을 물고 풀려났다. 이 금액은 영국의 세금으로 마련된 혈세였다. 리처드 왕 이전에는 『로빈 후드의 모험』에 등장하는 헨리 2세가 있었다. 헨리 2세와 리처드 왕으로 이어지는 동안 영국 귀족들과 국민들은 가혹한 세금으로 인해 신음하고 있었다. 그 다음으로 리처드를 계승한 인물은 존 왕이었다. 존 역시 왕권을 강화하기 위해 세금을 확대하려고 했다. 이런 움직임은 막강한 힘을 가진 교황과 갈등을 빚게 만들었다. 존은 자신이 원하는 대주교를 캔터베리에 앉히려고 했으나 교황과 친분이 있던 스티븐 랭턴이 1207년에 캔터베리 대주교로 임명되었다. 이에 반발한 존은 1208년부터 1214년까지 6년간 영국 내에서의 모든 종교 활동을 금지시켰고 교회의 재산도 몰수했다. 이 정도면 카노사의 굴욕이나 토머스 베켓의 순교 같은 사건이 터질 법했다.

교황 인노켄티우스 3세는 영국의 존 왕을 파문하고 프랑스의 필리프 2세를 영국의 왕으로 선언했다. 이에 교황의 선언을 등에 업은 필리프 2세는 영국을 침공하려고 했다. 이미 프랑스 내에서 영지를 잃고 영국으로 쫓겨 온 존이 영국 귀족과 교회의 지지 없이 프랑스와 전쟁을 한다는 것은 불가능했다. 결국 존은 교황에게 굴복하고 스티븐 랭턴을 캔터베리 대주교로 인정했다. 이때 스티븐 랭턴은 자신을 반대했던 존 왕을 위해서 교황에게 그의 파문을 취소해 달라고 간청했다. 즉 원수를 용서해 달라고 청원한 것이다. 랭턴의 용서는 존 왕의 마음을 움직였다. 존 역시 6년간 교회를 탄압하면서 추방했던 성직자들을 복직시켰고, 자신에게 대항했던 자들을 사면해 주었다. 이것이 용서의 힘이다.

마침내 1215년에 그 유명한 「대헌장*Magna Carta*, 또는 마그나카르타」이 러니미드 평원에서 체결되었다. 「대헌장」은 왕이 임의로 세금을 징수하고 군대를 모집하거나 마음대로 인권을 유린하는 것에 반대해서 귀족들이 존 왕에게 자신들의 권리를 주장한 문서였다. 주요 내용을 살펴보면, 합의된 세금과 인권 그리고 자유에 대한 요구였다.

제12조 : 오래된 관습상 인정되어 온 것(관례로 굳어진 것) 외의 과세 혹은 봉건 지원금은 귀족들의 자문을 거치지 않으면 부과할 수 없다.

제21조 : 대 귀족은 동료 귀족에 의해서만 처벌될 수 있다. 그러나 큰 죄목(반역죄 등)일 경우로만 제한한다.

제39조 : 자유민은 동등한 신분을 가진 자에 의한 합법적 재판 혹은 국법에 의하지 않고서는 체포, 감금, 추방, 재산의 몰수 또는 어떠한 방식의 고통도 받지 않는다.

그러나 교황의 눈에 이것은 반란이나 다름없었다. 비록 영국의 왕과 사이가 좋지 못했지만, 「대헌장」은 언제든지 교황에게도 대항할 수 있는 권리였기 때문이다. 교황은 랭턴에게 「대헌장」을 철회하고 이를 주도한 귀족들을 파문하라고 명령했다. 그러나 랭턴은 왕과 귀족들 사이에서 「대헌장」의 내용을 중재한 후 가장 먼저 「대헌장」에 서명했다. 즉 자유와 인권의 요구를 교회의 대표로서 법적으로 승인한 것이다. 당연히 스티븐 랭턴은 캔터베리 대주교에서 추방되었지만, 그는 영국의 역사를 바꾼 인물이 되었다. 1789년 프랑스 대혁명보다 무려 500년 일찍 작성된 「대헌장」은 영국의 의회 민주주의가 발전할 수 있는 기틀을 마련했다.

캔터베리 대주교였던 스티븐 랭턴은 1228년에 세상을 떠났다. 그가 죽기 전에 교회를 위해서 했던 또 다른 일은 성경의 장章을 구분하는 것이었다. 지금도 우리는 랭턴이 분류한 장을 보편적으로 사용하고 있다. 비록 우리에게 「대헌장」은 생소할지라도 그가 없었다면 '장'의 구분이 없는 성경을 보는 것은 상당히 불편하고 번거로웠을 것이다. 스티븐 랭턴이 교회에 남긴 유산은 단순히 장을 분류한 편의 사항 정도가 아니다. 그는 정의, 인권, 자유를 확립하기 위해 사리사욕 대신 그리스도의 용서를 몸소 보여준 인물이었다. 한 사람의 용서가 남긴 영향력은 교회의 진정한 능력이 무엇인지 일깨워 준다. 그것이 교회가 나아가야 할 방향이자 사명임을 윈스턴 처칠의 명언에 온전히 담겨 있다.

> 스티븐 랭턴 대주교는 불굴의 의지와 끈기로
> 영국인의 권리를 얻어낸 사람이었다.[145]

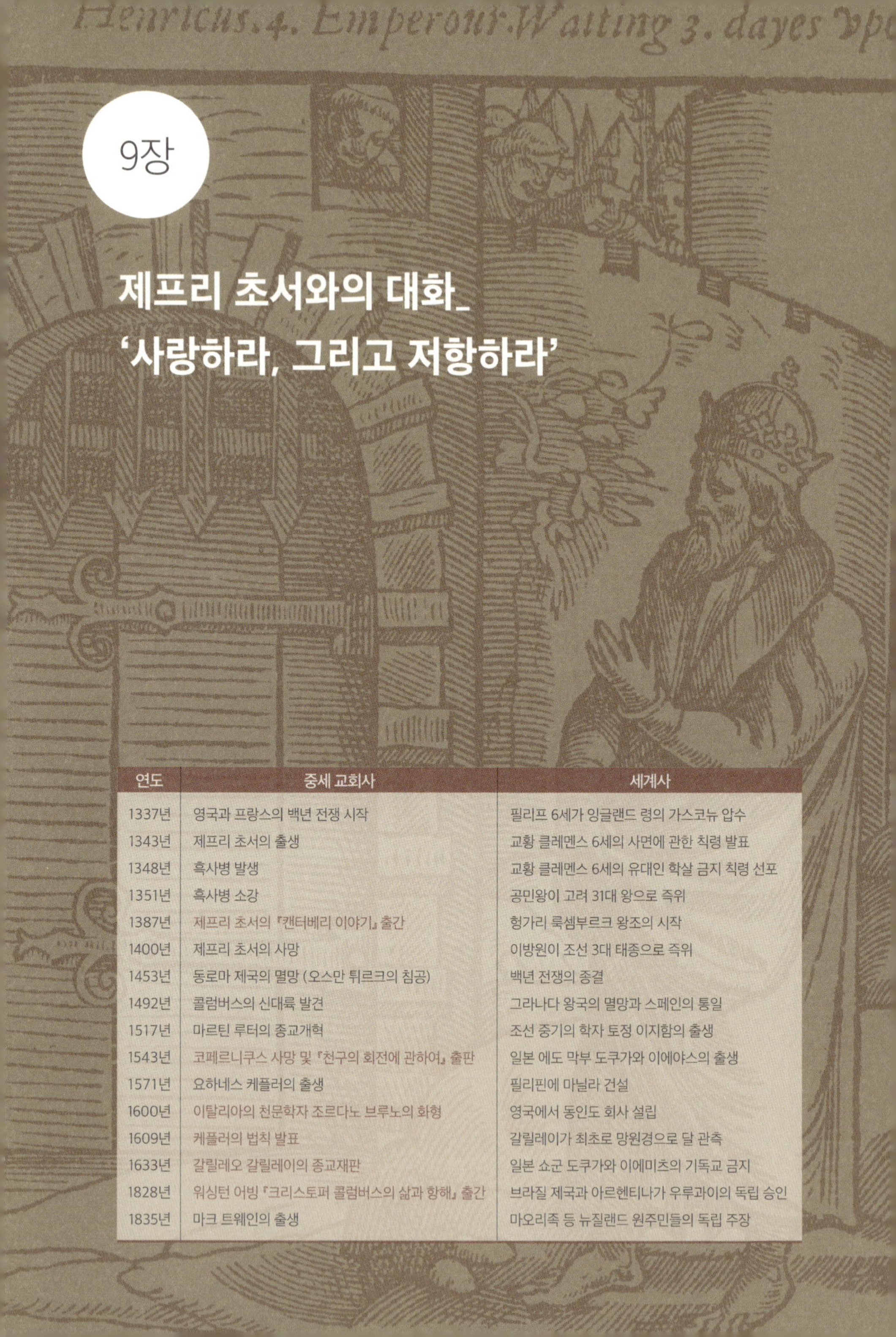

9장

제프리 초서와의 대화_ '사랑하라, 그리고 저항하라'

연도	중세 교회사	세계사
1337년	영국과 프랑스의 백년 전쟁 시작	필리프 6세가 잉글랜드 령의 가스코뉴 압수
1343년	제프리 초서의 출생	교황 클레멘스 6세의 사면에 관한 칙령 발표
1348년	흑사병 발생	교황 클레멘스 6세의 유대인 학살 금지 칙령 선포
1351년	흑사병 소강	공민왕이 고려 31대 왕으로 즉위
1387년	제프리 초서의 『캔터베리 이야기』 출간	헝가리 룩셈부르크 왕조의 시작
1400년	제프리 초서의 사망	이방원이 조선 3대 태종으로 즉위
1453년	동로마 제국의 멸망 (오스만 튀르크의 침공)	백년 전쟁의 종결
1492년	콜럼버스의 신대륙 발견	그라나다 왕국의 멸망과 스페인의 통일
1517년	마르틴 루터의 종교개혁	조선 중기의 학자 토정 이지함의 출생
1543년	코페르니쿠스 사망 및 『천구의 회전에 관하여』 출판	일본 에도 막부 도쿠가와 이에야스의 출생
1571년	요하네스 케플러의 출생	필리핀에 마닐라 건설
1600년	이탈리아의 천문학자 조르다노 브루노의 화형	영국에서 동인도 회사 설립
1609년	케플러의 법칙 발표	갈릴레이가 최초로 망원경으로 달 관측
1633년	갈릴레오 갈릴레이의 종교재판	일본 쇼군 도쿠가와 이에미츠의 기독교 금지
1828년	워싱턴 어빙 『크리스토퍼 콜럼버스의 삶과 항해』 출간	브라질 제국과 아르헨티나가 우루과이의 독립 승인
1835년	마크 트웨인의 출생	마오리족 등 뉴질랜드 원주민들의 독립 주장

「농부의 결혼식(Peasant Wedding)」 피터르 브뤼헐. 1558년. 패널에 유화. 114x164cm. 미술사박물관. 빈. 피터르 브뤼헐을 대표하는 그림이다. 물론 더 유명한 브뤼헐의 그림도 있지만, 이 그림은 '농민들의 화가'라는 별명을 가진 그를 상징하는 작품이다. 즉 단순한 풍경화나 풍속화가 아니라 브뤼헐의 철학과 신앙이 담겨 있다. 16세기 화가들은 레오나르도 다 빈치의 「최후의 만찬」을 다양하게 패러디했는데, 젊은 시절 이탈리아를 방문했던 브뤼헐 역시 다 빈치의 그림을 경험했을 것이다. 얼핏 보면 「최후의 만찬」에서 영향을 받은 것 같지만 브뤼헐의 신앙이 선명하게 녹아 있다. 그는 농민들의 결혼식 만찬을 '성찬'으로 표현했으며, 우리의 삶에서 이루어지는 모든 식탁 교제를 '성만찬'으로 확대하는 것이 곧 복음의 시작이라고 말하고 있다.

이 자그마한 이야기를 듣거나 읽은 사람들에게 바라노니, 이 이야기 중에 마음에 드는 부분이 있다면 우리 주 예수 그리스도께 감사하십시오. 그리스도께서 모든 지혜와 선을 낳으셨으니, 그것은 그리스도의 선물입니다. 그러나 마음에 들지 않는 부분이 있다면 제 능력이 부족해서이지, 제가 의도한 바는 아님을 알아주십시오. 성서에도 이런 말씀이 있습니다.

"무엇이든지 전에 기록된 바는 우리의 교훈을 위하여 기록된 것이니"로마서 15:4a

제가 이 책을 기록한 의도도 이런 것이었습니다.[146]

제프리 초서의 무덤 앞에서

런던에 위치한 웨스트민스터 사원에는 영국의 영령英靈들이 잠들어 있다. 이곳에 안치되는 것은 영국인들에게 있어 가장 영예로운 일이다. 내부에는 위인전에서나 볼 수 있는 인물들의 무덤을 볼 수 있다. 시인 코너Poets' Corner에는 수많은 문학가들이 잠들어 있다. 그들의 작품은 읽어 보지 못했을지라도 '필독 도서' 목록에서 종종 접했던 인물들이라 낯설지 않다. 가장 안쪽에 제프리 초서의 무덤이 있다. 무덤 아래에는 유해가 보관되었고, 벽면에는 그를 기리는 비문이 라틴어로 기록되어 있다. 초서는 웨스트민스터 사원에 안치된 최초의 문학가였으니, 세월의 흔적이 그의 무덤에 고스란히 남아 있다. 마모된 비문을 더듬어야 비로소 글자를 읽을 수 있는데, 그는 1400년 10월

25일에 죽었다고 새겨져 있다. 그를 기리는 라틴어 문구는 이렇게 번역할 수 있다.

> 숭고한 자취를 남겨온 음유 시인 위대한 제프리 초서여,
> 이 무덤은 여전히 그 자취를 이어가노라.
> 그가 걸어온 시간의 흔적들이
> 발아래에 남겨져 있다네.
> 주후 1400년 10월 25일.
> 죽음은 근심으로부터의 안식이다.

초서와 같은 묘역에 함께 잠들어 있는 유명한 작가들도 많다. 『폭풍의 언덕』의 에밀리 브론테, 『정글북』의 러디어드 키플링, 『테스』의 토마스 하디 등이 영면을 취하고 있다. 찰스 디킨스의 묘비에는 이렇게 새겨져 있다.

> He was a sympathiser to the poor,
> the suffering, and the oppressed;
> and by his death, one of England's
> greatest writers is lost to world.

제프리 초서의 무덤 웨스트민스터 사원 시인 코너에 제프리 초서가 잠들어 있다. 영국인들은 중세 문학의 아버지이자 중세 영어의 기초를 확립한 인물로 그를 기리고 있다. 그는 잠들었으나 『캔터베리 이야기』를 통해 우리에게 끊임없이 대화를 시도하고 있다.

그는 가난하고 고통받고 억압받는 자들의 편에 섰다. 그는 이곳에 잠들었고, 세상은 영국의 가장 위대한 작가를 떠나보냈다.

찰스 디킨스는 개인적으로 가장 좋아하는 작가다. 그의 무덤 앞에서 그의 흔적을 느낄 때 말할 수 없는 감격이 밀려왔다. '가난하고, 고통받고, 억압받는 자들의 편에 섰던 작가.' 그 수식어는 예수님에게 해당되는 표현이다. 그는 수많은 작품들을 통해 그런 인물들을 대변해 왔다. 그가 세상을 떠났을 때 영국의 가난한 자들과 노동자들은 '친구를 잃었다'며 울부짖었다. 나는, 우리는, 한국 교회는 가난하고, 고통받고, 억압받는 자들의 편에 설 수 있을까? 우리가 떠나가면, 교회가 사라지면 그들은 그 빈자리를 위하여 눈물을 흘릴까? 제프리 초서의 묘비를 보면서 디킨스의 『크리스마스 캐럴』의 한 장면이 떠올랐다. 평생 구두쇠로 살던 에버니저 스크루지Ebenezer Scrooge는 미래의 유령이 보여준 자신의 무덤을 보며 절규했다.

찰스 디킨스의 무덤 웨스트민스터 사원의 시인 코너에는 영국의 대문호 찰스 디킨스가 잠들어 있다.

"이제 진심으로 성탄절을 기억하고, 일 년 내내 그리스도께서 이 땅에 오신 의미를 잊지 않겠습니다."

스크루지가 자신의 운명이 바뀌게 해 달라고 두 손 모아 마지막으로 기도하는 동안 유령의 두건과 옷이 서서히 바뀌었다.[147]

죽음은 삶의 의미를 부여해 준다. 죽음을 잊는다면 삶은 끝없는 나락으로 빠진다. 스크루지가 삶의 방향을 돌이킬 수 있었던 것은 죽음을 생각했기 때문이다. 제프리 초서와 찰스 디킨스의 죽음에 대한 한 줄 평가는 그렇게 남아 있다. 우리의 생애를 한 줄로 요약한다면 어떻게 표현할 수 있을까? 그래서 제프리 초서에 대한 헌사는 두고두고 마음에 남는다. 중세 천 년간 수많은 음유 시인들이 존재했지만, 이 비문에는 그가 가장 위대한 음유 시인이라고 기록되어 있다. 그는 죽었으나 여전히 그 자취를 이어갈retain 수 있는 것은 그가 『캔터베리 이야기』를 남겼고, 끊임없이 우리와 대화하기 때문이다. 그의 시대를 후대에 남겼던 초서는 죽었으나 여전히 우리에게 작품으로 말하고 있다. 초서의 무덤은 히브리서 11장의 기록을 떠올리게 한다.

"그 아벨가 죽었으나 그 믿음으로써 지금도 말하느니라" 히브리서 11:4b

초서는 『캔터베리 이야기』에서 교구 사제를 마지막 인물로 배치하고 있다. 교구 사제의 입을 통해 준엄하게 외치는 말은 회개하고 돌이키라는 시대적 메시지다. 그 시대는 죄악이 충만했으므로 교회가 불의한 길에서 돌이키기를 호소하고 있다.

> "그러므로 어디서 떨어졌는지를 생각하고 회개하여 처음 행위를 가지라 만일 그리하지 아니하고 회개하지 아니하면 내가 네게 가서 네 촛대를 그 자리에서 옮기리라" 요한계시록 2:5[148]

이것이 그 시대를 향한 초서의 호소이며, 지금도 우리를 향해 던지는 대화다. 초서의 유언을 마음에 새긴 사람들에게 그는 단순히 영문학사에 위대한 업적을 남긴 음유 시인에 머물지 않을 것이다. 어떤 삶을 살고, 어떤 길을 걸어가야 하는지 분명한 방향을 제시하는 인물임에 틀림없다. 18세기 청교도 시인 윌리엄 블레이크William Blake 역시 제프리 초서의 유언을 마음 깊이 새겼고, 그 시대를 향해 외쳤다.

> '초서'라는 인물은 어느 시대에나 살아 있다. 모든 시대는 캔터베리로 가는 순례 여행이다.[149]

초서가 살았던 집에서 창문을 열면 런던 시내에 우뚝 세워진 세인트폴 대성당의 첨탑을 볼 수 있었다. 하늘을 찌를 듯 도도하게 솟은 첨탑은 런던을 군림했고, 런던 시민들의 마음에도 군림했다. 교회는 미사와 헌금, 순례 같은 수많은 예전禮典 형식들을 강조했지만, 초서의 눈에는 거추장스러운 종교적 '제의祭儀'에 불과했다. 그 속에 경건함이나 기쁨 따위는 찾아볼 수 없었고, 그저 무의미하게 반복되는 관행이었다. 관행의 반복은 그 사람의 경건을 나타내는 '지표'가 되었고, 관행의 지연은 파문의 대상이 되었다. 교회 출석이 줄어들면 축복도 줄어드는 것이고, 십일조를 중단하면 교인 자격도 중단되어야 했다!

블레이크의 말처럼 '초서들'은 어느 시대에나 살아 있고, 초서와 대화를 나누었다면 우리는 묵묵히 '캔터베리'로 향해야 한다. 초서가 우리에게 던진 '캔터베리'는 무엇이며, 그 여정 뒤에 어떤 일이 일어났는가?

제프리 초서와의 대화 1_ 사랑하라

초서가 살던 중세를 대표하던 인물들은 왕, 귀족, 성직자들이다. 그 그룹에 속해야만 중세 역사에 이름을 올릴 수 있었다. 그런데 초서는 시야를 넓힌다. 그와 동행한 일행 중에는 성직자와 기사도 있었지만, 역사에 언급되기에는 자격 미달인 자들이 대부분이었다. 그들은 선남선녀善男善女가 아니라 갑남을녀甲男乙女였다. 그들의 입에서 나온 이야기들이 모여서 옴니버스 구성을 이루고, 21세기에는 이런 옴니버스 방식이 익숙하지만 14세기에 자격조차 되지 않는 자들에게 지면을 할애한다는 것은 파격적인 시도였다. 중세 시대의 민중들이란 그저 통계의 숫자로 환산될 뿐이었다. 십자군에 동원된 수, 흑사

마크 트웨인 미국 문학가로, 본명은 새뮤얼 랭혼 클레멘스(Samuel Langhorne Clemens)다. 마크 트웨인은 미국 문학의 아버지라고 불릴 만큼 미국 문학사에 위대한 족적을 남겼다. 에머슨은 모든 미국 문학은 『허클베리 핀』에서 비롯되었다고 말한다.

병으로 죽은 수, 종교 재판으로 죽은 수에 포함되는 조각일 뿐이다. 그들에게는 존엄성, 자유, 평등이 없었고, 심지어 인격과 감정도 없었다!

역사적으로 이것은 명백한 역행이다. 그리스 철학자들은 세상을 움직이는 이치로서 자연에 관심을 가졌고, 소크라테스, 플라톤, 아리스토텔레스에 이르러서는 인간의 행복과 도덕을 논했다. 인간의 자유를 노래했고, 감정의 카타르시스를 위해 비극이 상연되었다. 예수조차도 가난한 이들의 눈물과 감정을 헤아렸고, 그들을 인격체로 대해 주었다. 그러나 예수의 후예라는 교회가 군림하는 중세가 시작되면서 이 모든 것들이 사라졌다. 이것을 누구보다 마음 아파했던 작가가 바로 마크 트웨인Mark Twain이었다.

초서는 민중들에게 따스한 시선을 보냈고, 그들의 소리로 작품을 채웠다. 하지만 그가 살던 시대의 민중들은 소수의 권력자들을 위해 존재하는 들러리에 불과했다. 초서는 부르주아 가문의 부유한 가정에서 태어났고, 궁정 생활을 통해 상당한 소양을 쌓았다. 그런 신분의 초서가 민중들에게 주목한다는 것은 시대적으로 있을 수 없는 일이었다. 이것이 진정한 초서의 위대함이자 숭고함이다. 중세의 그늘 속에 있던 민중들의 현실을 두고 마크 트웨인은 이렇게 기록하고 있다.

> 지금 나는 천 명 중 여섯 명만이 국가를 어떻게 통치해야 하는지에 관해 말할 권리를 가진 나라에서 살고 있다. 994명이 현재의 지배 체제에 불만을 표시하거나 변화를 요구하면 나머지 여섯 명은 하나같이 몸서리를 치면서 어떻게 그렇게 불충하고 불명예스럽고 사악한 반역 행위를 일으키느냐고 할 것이다. 말하자면 나는 994명이 자금을 대고 일도 모두 하는데, 나머지 여섯 명이 자신들을 영구 이사로 선출하고 배당금을 몽땅 차지하는 주식회사의 주주가 된 셈이었다.[150]

6대 994의 비율은 중세 민중들이 얼마나 혹독한 환경에서 살아갔는지를 가늠해 볼 수 있는 지표다. 혹독한 환경이란 기근, 질병, 흉년이 아니라 오만한 인간이 만든 사회적 구조다. 억압받는 사람들에게 '저항'이라는 개념의 보편화는 1789년 프랑스 대혁명 때가 되어서야 비로소 가능해졌다. 착취와 억압, 학대를 당하면서도 민중들은 압제자에게 분노를 품지 않았고, 어떤 일을 당하더라도 그저 체념하고 묵묵히 받아들이는 것 외에는 선택의 여지가 없었다. 그들은 노예나 다름없었다. 아서 왕의 시대는 모험과 기사도의 낭만 따위는 작가들의 상상에 존재하는 문학에서만 등장한다. 실제로 대부분의 영국 사람들은 노예처럼 살았다.[151] 그들은 소수를 위해 노예가 되고, 피땀 흘려 그들의 배를 불리고, 그들이 즐기고 놀 수 있도록 하기 위해 노동하고 세금을 냈다. 그들 스스로 노력해서 살도록 내버려 두면 끼

니조차 해결하지 못할 무능한 사람들일 뿐인데도 말이다.

심지어 마크 트웨인은 소수를 위해 바치는 무모하고 무의미한 충성은 노예가 채찍을 사랑하고 존경하거나, 개가 자기에게 발길질하는 사람을 사랑하고 존경하는 것과 전혀 다를 바 없는 미화된 충성이라고 말했다.[152] 여기서 의문이 생긴다. 노예와 다름없는 절대다수의 민중들 위에 군림한 교회는 무엇을 했는가? 가난한 민중들과 언제나 함께했던 예수 그리스도의 복음을 가졌다는 교회는 그 당시에 어떤 의미였을까? 이런 의문으로부터 마크 트웨인의 문학이 형성되었다. 그런 까닭에 그의 문학 작품 속에서는 교회에 대한 실망감을

아서 왕의 무덤 영국 남서부 글래스턴베리 대수도원(Glastonbury Abbey)에 있는 아서 왕의 무덤이다. 아서 왕과 관련한 문학은 중세를 대표하는 문학이다. 그러나 실제 중세는 문학 속에 나타나는 낭만, 모험, 의리와 거리가 먼 냉혹한 환경이었다.

어렵지 않게 찾아볼 수 있다. 마크 트웨인은 19세기 청교도들의 위선과 탐욕을 얼마나 신랄하게 고발하고 있는가! 그는 중세 교회를 해부하기 시작한다.

> 왕보다 더 강한 권력이 있었으니 그것은 교회였다. 가톨릭교회는 인간의 나라를 벌레의 나라로 바꾸어 버렸다. 교회가 세상에서 패권을 잡기 전에 인간은 인간이었고, 고개를 버젓이 들고 다녔으며, 인간으로서의 긍지와 기상과 독립심을 가지고 있었다. 그런데 교회가 전면에 등장했다. 음흉한 속셈을 숨긴 채. 교회는 약삭빠르고 교활했으며, 다양한 술수를 구사할 줄 알았다. 교회는 '신이 부여한 왕권'을 창안해, 벽돌 한 장 한 장 쌓듯이 그 관념을 사방에 구축했다. 교회는 평민들에게 겸손과 윗사람에 대한 복종과 자기희생의 아름다움을 설교했다. 늘 평민들에게만 참을성과 천박한 용기라는 관념과 압제에 대한 무저항을 설교했다. 교회는 또한 세습적인 지위와 귀족 정치를 고안해 내고, 지구상의 모든 기독교인들로 하여금 귀족에게 복종하고 숭배하도록 가르쳤다. 그 해독은 심지어 내마크 트웨인가 태어난 시대까지 기독교 국가의 국민들의 피 속에 퍼져 있었다. 사실 그들은 이런 기이한 상태에 만족할 뿐만 아니라 그것을 자랑스러워하도록 세뇌당하기까지 했다.[153]

이것이 어디 중세 영국과 근대의 미국뿐이겠는가? 마크 트웨인의 펜 끝에서 쏟아져 나오는 표현들은 구구절절 우리 시대를 관통한다. 기독교는 이데올로기가 아니다. 인간의 의지와 가치관을 바꾸고, 감정의 영역까지 주관하는 실체다. 복음은 그런 것이다. 그러나 기독교가 지배층의 통치 이념으로 전락하는 순간, 교회는 노예들을 감시하는 초소가 된다. 마크 트웨인은 소름 돋는 기록을 이어 나간다.

> 귀족들은 포악하고 잔인하고 탐욕스럽고 도덕적으로 부패했지만, 독실하고 열광적인 신앙을 가지고 있었다. 그들은 무슨 일이 있더라도 교회에서 부과한 경건한 의식을 규칙적이고 충실하게 수행했다. 귀족들이 생포한 적의 목을 베기 전에 잠시 멈추고 기도 드리는 모습을 내가 한두 번 본 게 아니다. 또 몰래 잠복해 있다가 적을 신속하게 내리치고는 시체에서 소지품을 훔치기 전에 가장 가까이에 있는 길옆 성소로 가서 겸손하게 감사 기도를 올리는 귀족의 모습도 무척 많이 봐왔다. 영국의 모든 귀족들은 매일 아침저녁으로 가족들과 함께 예배를 드렸고, 가장 심한 경우에는 하루에 대여섯 번씩 가정 예배를 드리는 귀족도 있었다. 이는 전적으로 교회의 공적이었다.[154]

21세기 한국 사회에서 발생한 '갑질'의 중심에는 언제나 기독교가 있었다. 사회에서 지탄받는 재벌과 정치인들 가운데 기독교인이 압도적으로 많다. 이런 현상은 교회의 가르침과 무관하지 않다. 교회는 십일조와 예배, 전도와 선교에 혈안이 되어 있지만, 초서처럼 주변 사람들에게 따뜻한 눈길을 줄 여력이나 마음도 없다. 어쩌면 지금 우리가 강조해야 할 것은 예배보다 사랑이다마태복음 5:24. 슬프게도 기독교 기업이나 미션 스쿨을 경험한 대부분 사람들은 '기독교'라면 혀를 내두른다. 그들은 셀 수 없이 많은 예배와 찬양을 강요당했지만 예수님의 사랑을 느껴본 적은 없다. 전도지를 건네주는 '담대한' 전도자들로부터 '배려'를 경험했던 적이 있던가?

이상하게도 기독교인들이 모이면 '그들만의 문화'로 무장한 괴물이 된다. 형제자매라는 용어를 쓰며 천상의 가족을 형성하는 것처럼 보이지만, 그들의 문화를 공유하지 못하면 흑암의 세력에 사로잡힌 이교도가 된다. 강단에서 짓는 설교자들의 표정은 예수의 애절한 표정인데, 초서의 눈에 비친 것처럼 돈을 뜯어내기 위한 방편에 불과하다. 그 앞에 운집한 군중들에게 인격과 감정은 없는 듯하다. 출석하는 수, 헌금을 내는 수, 행사에 동원되는 수의 조각이다. 그 기능을 수행하지 못하면 인격적 존재로서의 존엄성은 상실된다. 십일조를 강조하는 만큼 가난하고 압제 받는 이들을 위한 십일조를 강조할 수는 없을까? 일면식도 없는 지구 반대편 땅에 '기독교'라는 깃발을 꽂기 위해 지출하는 만큼 주변의 그늘진 곳에 있는 이들을 위해 지출할 수는 없을까? 담대하게 전도지를 누군가에게 들이미는 것만큼 상대방을 배려하는 담대함을 가질 수는 없을까?

초대 교회 당시 로마 제국 내에서 기독교 인구는 극소수에 불과했다. 그들은 거짓말하지 않았고, 간음하지 않았으며, 탐욕스럽지 않은 '다른' 사람들이었다. 12세기에 남프랑스에서 복음이 전파될 때 그들의 평판은 '기쁜 소식을 전하는 음울한 자들'이었다. 복음을 전하면서도 청빈하고 정직한 삶을 살던 이들을 그렇게 불렀다. 교회로부터 이단으로 정죄 되었지만, 그들은 교리가 달랐던 것이 아니었다. 그들

발도파의 흔적 12세기에 이단으로 정죄 된 발도파의 흔적들이 남부 프랑스에 흩어져 있다. 프랑스 남부 메렝돌이라는 작은 마을에도 발도파의 흔적을 알리는 명판이 남아 있다. 신앙의 자유를 위해 외진 곳으로 흩어졌던 그들의 신앙을 묵상하게 된다.

은 '다른' 사람들이었다. 21세기의 우리는 이 시대에서 '다른' 사람들일까? 교회를 향한 세상의 인식을 한 단어로 압축한다면 '개독'이다. 세상이 우리에게 요구하는 것은 천문학적인 액수의 자선이나 성자들에게 해당되는 고행이 아니다. 지극히 상식적인 소통과 배려가 아닐까? 그래서 초서와 디킨스의 묘비에 새겨진 문구가 한없이 부러울 뿐이다.

이제 아무도 그이를 괴롭힐 수도, 그이에게 모욕을 줄 수도 없지요. 그이는 이제 행복하고 천국에 있어요. 설사 천국이 아니라 지옥에 있다 해도 좋아요. 그곳에는 주교나 수도원장이 없을 테니까요.[155]

제프리 초서와의 대화 2_ 저항하라

웨스트민스터 사원에 잠들어 있는 제프리 초서의 비문에 '죽음은 근심으로부터의 안식'이라는 문구가 있다. 실제로 초서는 근심 많은 삶을 살았다. 흑사병이 유럽을 휩쓸었던 시기에 태어났고, 죽어가는 아내를 살리기 위해 초서 역시 캔터베리 순례의 길에 올라야 했을 만큼 절박했다. 그래서 『캔터베리 이야기』는 작가의 상상에서 나온 것이 아니라 그가 직접 경험했던 현실을 반영해서 기록한 문학이다. 그는 사회의 여러 단면들을 경험했고, 그런 생을 살았던 초서가 펜을 들었다면 소일거리로 재미 삼아 글을 쓰지는 않았을 것이다. 초서는 진리를 탐구하는 마음으로 현실을 작품으로 남겼다. 그것이 초서가 써 내려간 작품의 저작 동기였다.

그는 예리한 관찰력으로 법률가나 기사, 의사를 묘사했지만, 권력을 가진 성직자들도 가감 없이 풍자의 대상으로 삼았다. 영국의 풍자 문화는 18세기에 들어서 '캐리커처caricature'라는 장르로 꽃을 피우게 되지만, 초서는 14세기 인물이었다. 초서는 롤라드파를 태동시킨 종교개혁가 존 위클리프와 동시대의 사람이다. 옥스퍼드 학장을 지내며 성경을 번역하다가 이단으로 박해를 받은 위클리프를 초서가 몰랐을 리 없다. 그가 롤라드파를 기록했기 때문이다. 초서는 위클리프뿐만 아니라 롤라드파의 박해를 경험했던 작가로서 교회와 성직자를 풍자한다는 것은 '근심'에서 자유로울 수 없는 일이었다. 그런 관점에서 『캔터베리 이야기』는 저항 문학이기도 하다. 초서는 무덤에 있지만 그가 외친 '숭고한' 저항 정신은 끊임없이 시대마다 영향을 줄 것이다.

초서의 문학이 발표된 지 100년 후 중세는 긴 막을 내렸다. 1453년 비잔틴 제국의 멸망을 중세의 마지막으로 보는 것은 '로마 제국'을 기준으로 한 것이다. 반면 콜럼버스가 1492년에 신대륙을 발견한

콜럼버스의 출항지 스페인 서부 우엘바(Huelva)는 콜럼버스가 신대륙을 향해 출항한 곳이다. 그 역사적인 사건을 기념하기 위해 거대한 상이 서 있다.

사건을 중세의 끝으로 보는 것은 '가치관'을 기준으로 했기 때문이다. 분명한 것은 15세기 말에 갑자기 중세가 막을 내린 것이 아니라 초서의 시대부터 이어진 저항 정신이 중세의 견고한 벽에 균열을 만들었다는 사실이다. 초서 당시 만연했던 흑사병은 교회의 무능함을 입증했다. 그리고 흑사병을 피해 도피한 이들의 입에서 『데카메론』이 완성되었다7장 '흑사병과의 대화' 참조. 『데카메론』은 르네상스의 불꽃을 환하게 지폈다. 페트라르카Francesco Petrarca를 알았던 초서가 이탈리아에서 시작된 움직임을 감지했던 것이다.

중세의 몰락과 관련해서 불편한 진실이 숨어 있다. 우리는 콜럼버스가 신대륙으로 항해하기 전까지 중세 유럽인들은 지구가 평평하다는 인식을 가졌다고 배웠다. 콜럼버스와 함께 항해했던 선원들이 세상 끝에서 추락할지도 모른다는 두려움을 가졌다는 일화는 상식이다. 이와 달리 중세 지식인들은 지구가 둥글다는 사실을 이미 알고 있었다. 중세 식자층이었던 초서도 알고 있었을 것이다. 중세인들에게 무지함의 옷을 입힌 것은 미국의 작가 워싱턴 어빙Washington Irving이 1828년에 쓴 『크리스토퍼 콜럼버스의 삶과 항해*The Life and Voyages of Christopher Columbus*』라는 책 때문이다. 20세기 초반 미국의 소설가 토머스 베일리Thomas Bailey는 고등학교 역사 교과서에 이 내용을 실었다.[156] 당시 미국에서는 소위 '원숭이 재판'으로 인해 창조론과 진화론이 격렬한 대립을 벌이던 시기였다.[157] 사실 창조와 진화는 결론을 내릴 수 없는 사안이다. 종교와 과학은 옳고 그름을 가리는 차원이 아니라 소통해야 할 서로 다른 영역이기 때문이다. 그런데 이

혼란의 시기에 미국의 역사 교과서는 중세인들의 세계관을 공식적으로 왜곡시킨 셈이다.

중세인들은 지구가 둥글다는 것을 알고 있었다면 대신에 우주의 중심이 지구라고 믿었다. 성경에 기록된 표현들이긴 하지만, 교회가 사회의 중심이었으므로 그 가치관을 따르자면 지구는 우주의 중심일 수밖에 없기 때문이다. 그래서 이런 시각이 붕괴되고 새로운 가치관으로 전환되는 것을 '코페르니쿠스 혁명'이라고 한다. 코페르니쿠스Nicolaus Copernicus는 천동설을 신봉하던 시기에 지동설을 주장했다. 흥미롭게도 코페르니쿠스는 폴란드의 성직자였는데, 그가 지동설을 언급했을 때 교회로부터 극심한 반대에 부딪혔다. 지동설에 대한 교회의 자세를 설명하자면 이렇다.

We can't believe it. (X)

We won't believe it. (O)

지구가 아닌 태양이 우주의 중심임을 믿을 수 없었던 것이 아니라 믿지 않으려고 했다. 이것이 붕괴되는 순간 교회의 권위도 무너진다고 생각했기 때문이다. 교회의 파문을 두려워했던 코페르니쿠스는 임종의 순간이 되어서야 그의 역작인 『천구의 회전에 관하여』를 출간했다. 코페르니쿠스는 세상을 떠났고, 그의 저서도 금서로 지정되었다. 그럼에도 교회는 코페르니쿠스 혁명의 물결을 막을 수 없었다. 교회는 히든카드를 꺼냈다. 종교 재판소의 '공포'와 이단으로 정죄하는 '파문'이었다. 코페르니쿠스의 영향을 받은 브루노Giordano Bruno는 교회로부터 이단으로 정죄 되었고 화형을 당했다. 브루노는 자신의 과학적 확신이 결코 성경의 권위를 훼손하지 않는다고 항변했으나 한 줌의 재로 변하고 말았다.

독일에서는 요하네스 케플러가 1609년에 '케플러의 법칙'을 발표하면서 코페르니쿠스의 주장을 '정설'로 입증했다. 비슷한 시기 이탈리아에서는 갈릴레오 갈릴레이가 교회의 반대에 부딪혔으며, 종교 재판소에 소환되어 자신의 주장을 철회했다. 갈릴레이가 마녀사냥을 당할 뻔했던 순간이었다. 케플러와 갈릴레이는 독실한 기독교인이었고, 성직자가 되려고 했던 열정적인 사람들이었다. 그들이 발견한 과학은 성경에 위배되는 것이 아니라 오히려 성경의 권위를 입증해 주는 수단이 된다고 믿었다. 하지만 그들이 경험했던 현실은 냉혹했다. 케플러의 어머니는 종교 재판소에 소환되어 마녀로 몰렸다. 모진 고문을 받고 풀려났으나 고문의 후유증으로 세상을 떠났다. 갈릴레이 역시 종교 재판소에 회부되었다. 자신의 신

케플러의 생가 케플러의 법칙을 세운 요하네스 케플러가 태어난 생가는 현재 박물관으로 개조되었다. 케플러는 코페르니쿠스의 이론을 입증했다. 그의 생가는 독일의 슈투트가르트 근처 바일 데어 슈타트(Weil der Stadt)에 있다.

념을 고수했다면 그의 살점이 뜯겨져 나가거나 한 줌의 재로 변했겠지만, 그러면 우리가 아는 갈릴레이는 없었을 것이다. 코페르니쿠스 혁명을 완성하는 것은 그토록 어려운 과정이었다. 교회의 위협 앞에 출간을 망설이던 갈릴레이가 케플러에게 자문을 구하는 편지를 보냈다. 그리고 갈릴레이에게 답장한 케플러의 편지는 어쩌면 이 책의 결론일지도 모른다.

케플러에게

저도 당신처럼 코페르니쿠스를 지지하고 있으며, 최근의 연구로 더이상 의심의 여지없는 많은 증거를 발견해 냈습니다. 저는 이 연구에 대해 업적과 평판을 쌓았지만, 코페르니쿠스 선생님의 사례를 보면서 감히 출판할 엄두를 내지 못했습니다. 그는 불멸의 업적을 이루신 분이지만 세상의 무지한 사람들로 인해 불명예를 당하고 있습니다. 그래서 케플러 씨 당신 같은 분들이 더 많아지면 출판을 할까 합니다. 아직은 많지 않은 것 같아서 출판을 미루고 있습니다.

갈릴레오 갈릴레이 드림

갈릴레이에게

대중의 무시와 학자들의 맹공 때문에 잠시 우리의 주장을 철회하자는 말씀에 대해 선생님처럼 탁월하신 분들이 좀 다르게 생각해 보면 좋겠습니다. 이미 코페르니쿠스 선생님의 엄청난 연구가 있었고, 더 많은 연구자들이 지동설을 입증하는 논문을 발표해서 그것이 '정설'로 인정받을 때가 되어 우리의 연구를 출판한다면 무슨 의미가 있겠습니까? 현명하게 진리를 외쳐야 합니다. 선생님이 지동설의 목소리를 내셔야 부당하게 재판을 받고 있는 우리 동료들이 힘을 내고 보호 받지 않겠습니까? 이렇게 생각하는 사람들이 이탈리아뿐 아니라 독일에도 많습니다. 우리는 힘을 합쳐 이 어려움에 맞서야 합니다. 만일 이탈리아에서 출판하기 어렵다면 독일에서 낼 수도 있습니다. 갈릴레이 선생님, 용기를 내서 출판하십시오. 확신컨대 우리와 힘을 합칠 학자들이 많이 생길 겁니다. 진실의 힘은 위대하니까요.

요하네스 케플러 드림[158]

코페르니쿠스를 지지한 과학자들
폴란드는 코페르니쿠스의 조국이다. 그가 태어난 생가에는 코페르니쿠스를 지지한 후배 과학자들의 얼굴이 전시되어 있다.

「종교 재판에서 재판 받는 갈릴레오 갈릴레이(Galileo Galilei at his trial at the Inquisi)」
1633년 로마에서의 종교 재판에 회부된 갈릴레오 갈릴레이가 로베르토 벨라르미노 추기경에 의해 지동성을 포기할 것을 종용 받는 모습.

독일의 천문학자 요하네스 케플러는 과학의 법칙을 확립한 위대한 인물이었지만 평생 가난과 박해를 경험해야 했다. 그럼에도 그가 현실을 극복할 수 있었던 것은 그리스도를 향한 믿음 때문이었다. 케플러는 어려운 순간마다 '저는 그리스도인입니다'라는 확신으로 극복했다. 코페르니쿠스가 중세 교회라는 바위를 향해 던진 달걀이 케플러와 갈릴레이의 손으로 옮겨졌고, 마침내 그 바위는 깨졌다. 코페르니쿠스 혁명이 마침내 성공한 것이다.

1633년에 종교 재판소로 갈릴레이를 소환했던 로마 교황청은 1992년이 되어서야 갈릴레이의 재판에 오류가 있었음을 인정하고 갈릴레이에게 사죄했다. 1543년에 '불순한 성직자'로 낙인찍혀 세상을 떠난 코페르니쿠스의 유해는 2010년이 되어서야 DNA 감식을 통해 공식 확인되었고, 그가 죽은 지 467년 만에 재매장되었다. 코페르니쿠스의 유해를 재매장하는 미사를 집도하던 대주교는 "과거에 교회는 스스로를 방어하기 위해 코페르니쿠스의 이론을 과도하게 비난한 것에 대해 깊은 유감을 표시한다"고 말하고 사죄했다.

제프리 초서로부터 시작된 캔터베리를 향한 여정은 갈릴레이에 이르러서야 완성되었다. 초서가 세상을 바꿀 수 있었던 것은 위선적인 교회를 향한 저항 문학을 남겼기 때문이다. 케플러가 코페르니쿠스 혁명을 입증할 수 있었던 것은 오만한 교회를 향해 진리를 외쳤기 때문이다. 갈릴레이를 향한 케플러의 조언처럼 용기를 낸다면 힘을 합칠 사람들이 많이 생길 것이다. 왜냐하면 진실의 힘은 위대하기 때문이다.

에필로그

브뤼헐,
그림으로 믿음을 묻다

「게으름뱅이의 천국(The Land of Cockaigne)」
피터르 브뤼헐. 1567년. 패널에 유화. 52X78cm. 알테 피나코테크. 뮌헨.

피터르 브뤼헐은 1525년에 현재의 벨기에-네덜란드 사이에 걸쳐진 플랑드르 지역에서 태어났다. 이 책에 브뤼헐의 작품이 다수 포함된 이유는 그가 민중들의 삶을 표현한 농민화가였기 때문이다. 그의 그림을 통해 중세 말기 중세인들의 일상생활을 상상해 볼 수 있다. 그런 이유에서 제프리 초서와 브뤼헐의 시선은 공통점이 많다. 브뤼헐의 그림이 우리에게 도전이 되는 이유는 민중의 삶에서 신앙을 투영하고 성찰한 흔적들이 보이기 때문이다.

이 그림의 제목은 「게으름뱅이의 천국」이다. 브뤼헐이 이 그림을 그린 1567년은 네덜란드가 스페인의 침공으로 인해 압제를 받던 시기였다. 16세기에 일어난 종교개혁은 독일, 스위스, 스코틀랜드뿐 아니라 네덜란드에서도 수용되었다. 1567년 무렵에 네덜란드를 이끌던 지도층들은 종교개혁을 수용한 바로 그다음 세대들이었다. 정치적으로 혼란기였지만 종교 지도자들은 민중들을 올바른 길로 인도하지 못했고, 사람들은 자신들의 귀를 즐겁게 할 가르침을 추구했다. 브뤼헐의 그림은 1567년 당시 네덜란드뿐만 아니라 중세 시대를 관통하는 기독교 신앙의 본질을 꿰뚫어 보여 준다. 브뤼헐은 이 그림을 통해 당대의 잘못된 가르침에 저항하고 시대를 풍자하면서 바른 방향을 제시했다.

「게으름뱅이의 천국」에서는 음식이 가득하다. 삶은 달걀과 돼지고기 그리고 통닭이 돌아다닌다. 지붕은 파이로 되어 있고, 테이블에는 음식이 사라지지 않는다. 왼편의 병사는 가만히 앉아서 지붕에서 떨어지는 파이를 기다리고 있다. 중앙에 세 사람이 누워 있는데, 그들은 각각 성직자, 군인, 농부다. 이들 위의 테이블에는 먹다 남은 음식이 있는 것으로 보아 포식한 후 낮잠을 자고 있음을 짐작할 수 있다. 군인의 무기와 농민의 도구는 내팽개쳐져 있다. 성직자는 성경책을 깔고 누웠는데, 그의 시선은 테이블 위 포도주병에서 떨어지는 한 방울의 포도주에 온통 쏠려 있다.

브뤼헐은 우리에게 묻는다.
우리가 기도하고 바라는 신앙의 목적은 이것인가?
이들이 '믿음'을 가진 구체적인 모습을 반영하는가?

주

프롤로그

1 구스타브 플로베르, 『마담 보바리』, 김화영 옮김, 민음사, 2000, 163쪽.

2 중세 로마 가톨릭은 버터 먹는 것을 제한했는데, 성욕을 부추긴다고 믿었기 때문이다. 이로 인해 일 년의 절반 이상은 동물성 지방을 섭취할 수 없었다. 그러나 부자들과 귀족들은 금식 기간에 돈을 주고 먹을 수 있는 권리를 샀으며, 성전 건축이나 십자군 전쟁에 드는 돈을 기부하고 '버터 섭취권'을 얻었다. 교회 앞에는 소위 '버터 머니'를 걷는 함도 마련되어 있었다. 이로 인해 루앙 대성당의 별명이 '버터 타워'라 불리게 되었다.

3 중세까지 아랍과 중국에 비해 열등했던 서구 사회가 19세기에는 중국, 인도, 중동, 아프리카, 아시아 등지를 '정복하고 다스리게' 되었다. 중국에게 '아편'을 선사했고, 아랍과 인도에게는 '문명'을 선사(?)했다. '한 손에는 칼, 한 손에는 성경'을 들고 그렇게 서구 사회는 제국의 영역을 넓혀나갔다. 이런 과정에서 "한 손에는 코란, 한 손에는 칼"이라는 말이 탄생한 것이다. 이 표현의 정확한 기원은 밝혀진 바 없지만 십자군 원정 때부터 사용된 것으로 보인다. 하지만 19세기 영국의 역사가 토머스 칼라일(Thomas Carlyle)이 인용했던 것으로 보아 이슬람과 무관하게 서구에

서 사용되어 온 것이 분명하다. 또한 "셰익스피어를 인도 대륙과도 바꾸지 않겠다"는 말도 이런 관점에서 이해할 수 있다. 인도의 수천 년의 역사, 문명, 인구를 한 명의 작가로 대치시키는 것은 서구인들의 타자화(他者化) 사상의 대표적 사례라 할 수 있다.

4 박승찬, 『중세의 재발견』, 길, 2017, 6-7쪽. 앞으로 서구의 오만함이 만든 용어들을 살펴볼 것이다. 중세, 신성 로마 제국, 비잔틴 제국 등의 단어를 제대로 인식한다면 중세의 또 다른 얼굴을 보게 될 것이다.

5 관점에 따라 다르다. 476년의 서로마의 멸망으로 보기도 하고, 313년 「밀라노 칙령」으로, 혹은 590년 그레고리우스 1세가 교황에 즉위한 시점으로 보기도 한다. 중세의 끝을 1453년으로 보기도 하지만, 1492년 신대륙의 발견이나 1517년 종교개혁으로 보기도 한다. 다만 본서에서는 편의상 중세 천 년을 476년부터 1453년으로 보도록 한다.

6 움베르토 에코가 「중세(*Il Medioevo*)」 시리즈라는 역작을 집필하면서 서두에 썼던 표현이다. 천 년의 기간 동안 그 시대는 얼마나 많은 부침(浮沈)이 있었겠는가?

7 이렇게 표현하는 것은 교회의 역할과 선교적 사명에 대한 무용론(無用論)을 말하려는 것이 아니다. 존중과 배려를 상실한 채, 이데올로기의 '설득'을 지상 과제로 삼는 교회의 인식을 재고하고자 함이다.

8 중세를 잘 반영해 주는 이야기가 바로 그림(Grimm) 형제가 민담으로 들었던 『하멜른의 피리 부는 사나이』다. 이 동화는 12~13세기 중세 시대의 민담을 기반으로 한다. 이야기 줄거리는 쥐떼로 인해 고통당하는 독일 하멜른 마을에 낯선 사람이 왔고, 피리를 불어서 쥐떼를 퇴치했다. 그러나 마을 사람들은 그에게 지급하기로 한 금화 천 냥을 주지 않고 약속을 어기자 그가 피리를 불어서 아이들을 데리고 사라졌다는 내용이다. 흥미로운 것은 모든 어른들이 주일 예배에 간 사이에 피리 부는 사나이가 아이들을 유인했다는 점이다.

9 교회로부터 도피한 성도를 뜻하는 신조어로, '안 나가'를 거꾸로 쓴 말.

10 박지원, 『연암 박지원 소설집』, 간호윤 옮김, 새물결플러스, 2016, 237-238쪽. 「호질

(虎叱)」에서 재인용.

11 연옥의 영혼들을 위해 기도하는 미사다.

12 제프리 초서, 『캔터베리 이야기』, 송병선 옮김, 서해문집, 2007, 165쪽. "소환리의 이야기"에서 재인용.

1장

13 버트런드 러셀, 『행복의 정복』, 이순희 옮김, 사회평론, 2005, 38쪽. 로저 베이컨의 글에서 재인용.

14 감리교의 창시자 존 웨슬리(John Wesley)는 영국 전역은 물론 대서양을 횡단에서 미대륙에서도 복음을 전했다. 그의 일기 중, 영국 에든버러에 방문했을 때 사람들이 5층 높이에서 요강을 비워내는 모습을 보면서 제발 조금만 더 청결했으면 좋겠다고 하소연했을 정도다.

15 여관인 타바드 인(Tabard Inn)은 1307년에 설립된 숙박업소로서 초서의 『캔터베리 이야기』의 모델이 되었다. 실제로 캔터베리를 향해 떠나는 순례자들이 머물렀던 여관으로 알려져 있다. 1873년에 런던 도시 개발에 의해 이 역사적 건물은 철거되었다.

16 제프리 초서, 『캔터베리 이야기』, 김진만 옮김, 동서문화사, 2013, 10쪽.

17 John L. Capinera, Encyclopedia of Entomology, Springer, 2008, p. 1819. 재인용.

18 로마의 성 베드로 성당에는 예수님을 찔렀던 창과 못이 보관되어 있다. 산티아고 데 콤포스텔라(Santiago de Compostela) 대성당에는 야고보의 무덤이 있고, 베네치아 성 마가 성당에는 마가의 무덤이 있다. 독일 쾰른 대성당에는 세례 요한의 두개골과 동방박사의 유골함이 있다. 독일 아헨 대성당에서는 7년마다 예수님을 싼 세마포를 전시하고 있다. 2021년에 다시 공개할 예정이라고 한다.

19 제프리 초서, 『캔터베리 이야기』, 김진만 옮김, 동서문화사, 2013, 34-35쪽.

20 움베르토 에코, 『장미의 이름』 하권, 이윤기 옮김, 열린책들, 2006, 758-759쪽.

21 찰스 디킨스의 소설 『올리버 트위스트』에서 주인공 올리버는 캔터베리 근처에서 도망쳐서 런던으로 향한다. 도망치기 시작했을 때 올리버는 '런던 110km'라는 팻말을

보았다.

22 「둠즈데이 북(Doomsday Book)」은 윌리엄이 1066년에 왕이 된 후 토지 조사와 조세 징수를 목적으로 만든 보고서다. 「웨스트민스터 북」이라고도 한다. 1086년 토지의 경작 면적, 토지의 가격, 소유자 이름, 노예와 자유민의 수를 조사해 기록했다. 이 문서는 라틴어로 기록되었으며, 중세 영어식 표기는 'Domesday'이다. 11세기 잉글랜드의 사회상을 볼 수 있는 문서로 평가되고 있다.

23 플랜태저넷 왕조는 헨리 2세부터 시작되었다. 헨리 1세 사후에 왕위 계승권을 놓고, 딸 마틸다의 남편인 프랑스 앙주의 플랜태저넷 백작의 아들 헨리 2세가 물려받음으로써 플랜태저넷 왕조가 시작되었다. 이 왕조는 1154년부터 1485년까지 잉글랜드 왕조를 이끌었다.

24 미국계 영국 작가 T. S. 엘리엇은 『황무지』의 작가로서 문학계에 큰 영향을 미쳤고, 1948년에 노벨문학상을 수상했다. 엘리엇의 『황무지』는 1922년에 발표한 것으로서 19세기 문학이 노래한 낙관주의를 비관하고 있다. 엘리엇은 인생의 허무함과 공허함을 표현하면서 그 속에 희망과 구원을 노래한 작가였다.

25 T. S. 엘리옷, 『대성당의 살인』, 김한 옮김, 동인, 2007, 640~658행을 의역한 것. 역자는 "God is leaving us, God is leaving us, more pang, more pain than birth of death." 부분을 "신이 우리를 떠나가고 있습니다. 신이 우리를 떠나가고 있습니다. 삶과 죽음보다도 더욱 격심한 이 고통!"이라고 번역하고 있지만, 엘리엇의 언어유희처럼 보인다. 필자는 이 부분을 위와 같이 달리 번역했다.

26 헨리 8세는 1534년에 「수장령(Acts of Supremacy)」을 선포하면서 잉글랜드의 국왕이 영국국교회의 머리임을 선언했고, 교황청의 그늘에서 벗어났다.

27 하워드 파일, 『로빈 후드의 모험』, 정회성 옮김, 비룡소, 2010, 13쪽; 21-22쪽.

28 윌리엄 랭글런드(William Langland)는 『농부 피어스의 꿈(*The Vision of Piers Plowman*)』을 집필한 작가다. 그의 생애에 대해서는 베네딕트 수도원 출신의 성직자였다는 것 외에 알려진 바가 거의 없다. 그럼에도 『농부 피어스의 꿈』은 당시의 사료(史料)를 바탕으로 일어난 일들을 재구성해서 쓴 작품으로 14세기 영국 사회를 엿

볼 수 있는 귀중한 작품이다.

29 윌리엄 랭글런드, 『농부 피어스의 꿈』, 김정애 옮김, 지만지, 2009, 54-55쪽.

30 박양규, 『유럽 비전 트립 2-영국편』, 두란노, 2012, 89-90쪽. 『황무지(*The Waste Land*)』의 일부분을 필자가 사역(私譯)한 것.

31 T. S. 엘리엇, 『대성당의 살인』, 김한 옮김, 동인, 2007, 2부 310~322행.

2장

32 P. G. 맥스웰-스튜어트, 『교황의 역사』, 박기영 옮김, 갑인공방, 2005, 109쪽. 비잔틴 제국의 역사가이자 콤니노스 왕조의 안나 콤니니(Anna Komnene)가 쓴 『알렉시아스(*Alexias*)』 1. 13. "카노사의 굴욕(1077)에 대하여"에서 재인용.

33 제프리 초서, 『캔터베리 이야기』, 김진만 옮김, 동서문화사, 2013, 22-23쪽.

34 안나 콤니니는 동로마 제국의 황제 알렉시오스 1세의 장녀였다. 그녀의 남편 니키포로스가 알렉시오스 1세에 대한 전기를 완성하지 못한 채 죽게 되자 그 작업을 이어받아 완성시켰다. 그것이 바로 『알렉시아스』다.

35 비잔틴 제국 혹은 동로마 제국이라는 표현은 세계사의 고유명사이므로 앞으로는 이 용어를 계속 사용하겠지만, 이는 서구 유럽이 '만들어 낸' 명칭임을 기억해야 한다.

36 단테는 『신곡』에서 보이티우스를 천국에 있는 인물로 묘사한다. 천국편 10장에서 아우구스티누스를 계승한 보이티우스에 대해 언급하는데, 거룩한 영혼과 냉철한 이성의 소유자로서 불의에 타협하지 않는 의로운 인물로 소개한다. 단테에게 이렇게 기억될 만큼 보이티우스는 중세 초기의 중요한 철학자였다.

37 보에티우스, 『철학의 위안』, 박문재 옮김, 현대지성, 2018, 12쪽. "알비누스(Albinus)는 절대로 그런 짓을 할 인물이 아니기 때문에 키프리아누스(Cyprianus)의 고발은 거짓입니다. 나의 주 왕이여, 그 고발은 거짓입니다."

38 기록에 의하면 보이티우스를 노끈으로 목을 감아 조였고, 눈알이 튀어나오자 몽둥이로 때려서 죽였다고 한다.

39 보에티우스, 『철학의 위안』, 박문재 옮김, 현대지성, 2018, 135쪽.

40 보에티우스, 『철학의 위안』, 박문재 옮김, 현대지성, 2018, 48쪽.

41 보에티우스, 『철학의 위안』, 박문재 옮김, 현대지성, 2018, 277쪽.

42 마이클 파렌티, 『비주류의 역사』, 김혜선 옮김, 녹두, 2003, 58-61쪽.

43 이 사항은 루터가 종교개혁을 일으켰을 때까지도 유효했다. 당시 비텐베르크에서 목사가 되기 위해서는 교회의 선택과 합의는 물론 도시에서도 동의가 있어야 했는데, 요하네스 부겐하겐(Johannes Bugenhagen)이 이렇게 개신교 최초의 청빙에 의한 목사로 임명되었다. 이것은 교회가 세상에서도 상식적인 동의와 지지를 얻어야 할 것을 강조하는 부분이다.

44 심창섭 · 재천석, 『원 자료 중심의 중세 교회사』, 솔로몬, 2007, 47쪽.

45 역사적 사료들을 토대로 저자가 변형해서 편집했다.

46 송광택, 『교회사 핸드북』, 생명의말씀사, 1989, 229쪽. Epistolae Karolini Aevi, ii, 503; 288.에서 재인용.

47 심창섭 · 재천석, 『원 자료 중심의 중세 교회사』, 솔로몬, 2007, 60-61쪽.

48 제프리 초서, 『캔터베리 이야기』, 김진만 옮김, 동서문화사, 2013, 34-35쪽.

49 '철학은 신학의 시녀(하녀)'라는 표현은 11세기에 발달한 논리학과 문법적 지식을 신학 토론에 적용하려고 했던 변증론자들과의 논쟁에서 철학을 악마의 발명품이라고 생각했던 반변증론자였던 페트루스 다미아니(Petrus Damiani)가 사용한 용어다. 다만 본서에서는 성직자의 수준과 '소통'이라는 관점에서 사용했다.

50 유대칠, 『신성한 모독자』, 추수밭, 2018, 37쪽.

51 유대칠, 『신성한 모독자』, 추수밭, 2018, 39쪽. 에리우게나(Johannes Scotus Erigena, 815-877)의 『예정론(*De Divina Praedestination liber*)』 1장에서 재인용.

52 P. G. 맥스웰-스튜어트, 『교황의 역사』, 박기영 옮김, 갑인공방, 2005, 90쪽.

53 양태자, 『중세의 뒷골목 풍경』, 이랑, 2011, 151-152쪽.

54 윌리엄 랭글런드, 『농부 피어스의 꿈』, 김정애 옮김, 지만지, 2009, 27쪽.

55 962년에 오토 대제가 신성 로마 제국의 황제로 대관식을 거행한 이후 나폴레옹에게 멸망당하는 19세기 초반까지 신성 로마 제국이 유지되었다. 그러나 이렇게 생성된

'신성 로마 제국'은 상징적인 것에 불과했다. 독일은 많은 공국들로 분할되었고, 실질적인 통치권은 공국의 제후들에게 있었다.

56 윌리엄 랭글런드, 『농부 피어스의 꿈』, 김정애 옮김, 지만지, 2009, 28-29쪽.

57 910년에 설립된 클뤼니(Cluny) 수도원은 중세 초기에 세워진 베네딕트 수도원의 규칙을 엄격히 지키면서 교회의 타락을 개선하려고 했다. 클뤼니 수도원의 개혁을 가리켜 '클뤼니 개혁 운동'이라고 불렀다. 수도원에 대해서는 뒤에서 살펴보자.

58 심창섭·재천석, 『원 자료 중심의 중세 교회사』, 솔로몬, 2007, 82쪽. 1049년 레오 9세의 「개혁공의회 교령」에서 재인용.

59 교황 그레고리우스 7세, 「교황령 27조」. 교황의 고백 일부 편집.

60 심창섭 · 재천석, 『원 자료 중심의 중세 교회사』, 솔로몬, 2007, 92-94쪽. 교황 그레고리우스 7세에 대한 황제 하인리히 4세의 포고문에서 재인용.

61 심창섭·재천석, 『원 자료 중심의 중세 교회사』, 솔로몬, 2007, 94-95쪽.

62 윌리엄 랭글런드, 『농부 피어스의 꿈』, 김정애 옮김, 지만지, 2009, 40쪽.

63 1059년에 페트루스 다미아니가 「교황 니콜라우스 2세에게 보내는 편지」(61:14)에서 발췌.

3장

64 데시데리우스 에라스무스, 『우신예찬』, 김남우 옮김, 열린책들, 2011, 17쪽; 27-28쪽.

65 윌리엄 랭글런드, 『농부 피어스의 꿈』, 김정애 옮김, 지만지, 2009, 49쪽.

66 제프리 초서, 『캔터베리 이야기』, 김진만 옮김, 동서문화사, 2013, 면죄부 판매사와 소환리, 탁발 수사의 이야기를 각색해서 편집한 것.

67 하워드 파일, 『로빈 후드의 모험』, 정회성 옮김, 비룡소, 2010, 314-315쪽.

68 송광택, 『교회사 핸드북』, 생명의말씀사, 1989, 256쪽. 1198년 10월 30일에 반포된 교황 인노켄티우스 3세의 칙서 「우리의 창조주처럼(*Sicut universitatis conditor*)」에서 재인용.

69 마이클 파렌티, 『비주류의 역사』, 김혜선 옮김, 녹두, 2003, 68-70쪽.

70 심창섭·재천석, 『원 자료 중심의 중세 교회사』, 솔로몬, 2007, 377-378쪽. 위클리프의 글 중에서 재인용.

71 송광택, 『교회사 핸드북』, 생명의말씀사, 1989, 338쪽. 1394년의 롤라드파가 선포한 「12개조의 결정(Lollard Conclusions)」에서 재인용.

72 제프리 초서, 『캔터베리 이야기』, 김진만 옮김, 동서문화사, 2013, 153쪽.

73 심창섭 · 재천석, 『원 자료 중심의 중세 교회사』, 솔로몬, 2007, 377쪽. 위클리프의 글에서 재인용.

74 존 비드마, 『십자군과 이단심문 Q&A 101』, 이영욱 옮김, 분도출판사, 2017, 112쪽.

75 존 비드마, 『십자군과 이단심문 Q&A 101』, 이영욱 옮김, 분도출판사, 2017, 108-113쪽.

76 송광택, 『교회사 핸드북』, 생명의말씀사, 1989, 316쪽.

77 윤선자, 『이야기 프랑스사』, 청아출판사, 2006, 122쪽.

78 이들이 바로 역사 속에 등장하는 '알비 십자군'이다. 남프랑스에서는 발도파와 카타리파 등 청빈과 순결을 목표로 하는 다양한 분파가 생겼고, 특히 카타리파는 알비, 베지에, 카르카손 등을 중심으로 세력을 확장했다. 특히 알비(Albi)를 주요 거점으로 했기 때문에 이들을 알비파라고 했는데, 이들을 진압하기 위해 조직된 군대를 알비 십자군이라 불렀다.

79 존 폭스, 『기독교 순교사화』, 양은순 옮김, 생명의말씀사, 2005.

80 자크 르 고프 외, 『중세를 찾아서』, 최애리 옮김, 해나무, 2005, 94쪽.

81 유대인들이 금융업, 보험업에 종사했던 것은 탁월한 재능이 있었다기 보다 안식일 준수, 돼지고기 금지, 할례 같은 율법의 조항들 때문에 사회 속에서 쉽게 동화될 수 없었다. 율법의 규정에 따라 부정한 일을 제하면 결국에는 금융업 외에는 마땅한 직업이 없었다고 보는 것이 적절할 것이다.

82 박양규, 『유럽 비전 트립 2-영국편』, 두란노, 2012, 371쪽.

83 조반니 보카치오, 『데카메론』, 한형곤 옮김, 동서문화사, 2016, 48쪽.

84 윌리엄 셰익스피어, 『셰익스피어 전집 1-희극 1』, 최종철 옮김, 민음사, 2014, 179-

180쪽. "베니스의 상인" 중에서 발췌.

4장

85 소환리는 중세 시대 성직자의 한 종류다. 교회의 명령을 받고 피고인들을 법정에 세우기 위해 찾아가는 일을 했던 사람들이다.

86 제프리 초서, 『캔터베리 이야기』, 김진만 옮김, 동서문화사, 2013, 191-192쪽.

87 존 비드마, 『십자군과 이단심문 Q&A 101』, 이영욱 옮김, 분도출판사, 2017, 130쪽.

88 심창섭 · 채천석, 『원 자료 중심의 중세 교회사』, 솔로몬, 2007, 268쪽. 루이 9세의 칙령에서 재인용.

89 마이클 파렌티, 『비주류의 역사』, 김혜선 옮김, 녹두, 2003, 68-69쪽.

90 양태자, 『중세의 잔혹사 마녀사냥』, 이랑, 2015, 13쪽.

91 움베르토 에코, 『장미의 이름』 상권, 이윤기 옮김, 열린책들, 2006, 219쪽.

92 아우구스티누스, 『신국론』, 10권 21-22장 참고.

93 양태자, 『중세의 잔혹사 마녀사냥』, 이랑, 2015, 15쪽.

94 개역개정판 성경에서는 '무당'으로 표기되어 있지만 중세 사람들은 '마녀'로 인식하고 있었다.

95 양태자, 『중세의 잔혹사 마녀사냥』, 이랑, 2015, 35쪽. 개역개정판 성경의 레위기 20장 27절에서는 '신접한'이나 '박수'로 언급되지만 이전 번역에서는 '마녀'로 기록되었다. 루터는 마녀사냥에 대해 가톨릭과 큰 이견이 없었던 것으로 보인다. 루터가 종교개혁을 일으키기는 했지만, 마녀사냥, 농민 전쟁, 유대인 박해에 대해서는 침묵하고 있었다.

96 양태자, 『중세의 잔혹사 마녀사냥』, 이랑, 2015, 41쪽. 창세기 2장에서 사람을 만들 때 아담을 먼저 만드시고, 나중에 갈빗대에서 여자를 만든 것을 가리켜 중세 사람들은 여성을 열등한 존재라고 생각했다.

97 쥘 미슐레, 『마녀』, 정진국 옮김, 봄아필, 2012, 19쪽. 재인용.

98 양태자, 『중세의 뒷골목 풍경』, 이랑, 2011, 160-161쪽.

99 양태자, 『중세의 뒷골목 풍경』, 이랑, 2011, 165쪽.

100 양태자, 『중세의 잔혹사 마녀사냥』, 이랑, 2015, 19쪽.

101 양태자, 『중세의 잔혹사 마녀사냥』, 이랑, 2015, 66쪽.

102 쥘 미슐레, 『마녀』, 정진국 옮김, 봄아필, 2012, 20-22쪽.

103 쥘 미슐레, 『마녀』, 정진국 옮김, 봄아필, 2012, 25-26쪽.

104 움베르토 에코, 『장미의 이름』 상권, 이윤기 옮김, 열린책들, 2006, 221쪽; 226쪽; 242쪽.

105 19세기 프랑스 사실주의 작가 플로베르의 소설 『마담 보바리』의 주인공 엠마를 말한다.

106 이것이 바로 중세 스콜라 학자들의 논쟁이 되었던 '보편 논쟁'의 대표적인 사례다. 중세 보편 논쟁은 단순한 학문적 차이점을 토론하는 것이 아니라 진리를 추구하는 사상과 신앙의 토대를 제공했으므로 세계관의 충돌이라 할 수 있다. 그런 확신이 있었기에 교황에 대항할 수 있었고, 목숨을 버릴 수 있었다. 보편 논쟁에 대해서는 다음 장에서 다루고자 한다.

107 헤스케드 피어슨, 『버나드 쇼-지성의 연대기』, 김지연 옮김, TENDEDERO, 2016, 615-616쪽. 버나드 쇼의 『성녀 조앤』에서 재인용.

5장

108 베네딕트(Benedict of Nursia)는 몬테카시노에 베네딕트 교단을 창설했다.

109 아우구스티누스는 초기 기독교 교부이자 성인으로서 교부 철학을 세웠다. 그의 교부 철학은 중세 초기를 이끌어가는 중요한 기독교 사상 체계였다.

110 제프리 초서, 『캔터베리 이야기』, 김진만 옮김, 동서문화사, 2013, 17-18쪽.

111 하워드 파일, 『로빈 후드의 모험』, 정회성 옮김, 비룡소, 2010, 265쪽.

112 아시시의 프란체스코는 프란체스코 수도원을 설립했다. 가장 널리 알려진 그의 찬송시는 「평화의 기도」다. '성 프란체스코의 기도'라는 부제가 붙은 "주여 나를 평화의 도구로 써 주소서"라는 가사로 유명하다.

113 제프리 초서, 『캔터베리 이야기』, 김진만 옮김, 동서문화사, 2013, 19-21쪽.

114 제프리 초서, 『캔터베리 이야기』, 송병선 옮김, 서해문집, 2007, 19쪽.

115 가톨릭에서 죽은 자를 위해 30일간 드리는 미사.

116 제프리 초서, 『캔터베리 이야기』, 김진만 옮김, 동서문화사, 2013, 204-205쪽.

117 단테, 『신곡 천국』, 김운찬 옮김, 열린책들, 2009, 90-91쪽.

118 유대칠, 『신성한 모독자』, 추수밭, 2018, 135쪽.

119 유대칠, 『신성한 모독자』, 추수밭, 2018, 128.

120 유대칠, 『신성한 모독자』, 추수밭, 2018, 128.

121 움베르토 에코, 『장미의 이름』 하권, 열린책들, 2006, 848-849쪽; 871쪽.

6장

122 제프리 초서, 『캔터베리 이야기』, 김진만 옮김, 동서문화사, 2013, 11-12쪽.

123 여기에 대한 의견이 분분하다. 이미 십자군의 횡포에 반감을 가진 비잔틴 황제는 십자군에게 보급을 제대로 하지 않거나 적극적으로 협력하지 못한 모습을 많이 보였다. 그런 배신의 연속으로 인해 십자군은 예루살렘을 포함해 에데사와 안티오키아 등을 반환하지 않았을 수도 있다. 그러나 근본적으로 십자군 귀족들은 이곳에 영토를 얻기 위한 목적이 있었던 것은 분명하다.

124 아민 말루프, 『아랍인의 눈으로 본 십자군 전쟁』, 김미선 옮김, 아침이슬, 2002, 360쪽.

125 존 켈리, 『흑사병 시대의 재구성』, 이종인 옮김, 소소, 2006, 365쪽.

126 존 비드마, 『십자군과 이단심문 Q&A 101』, 이영욱 옮김, 분도출판사, 2017, 33-34쪽. 클레르보의 성 베르나르는 1145년부터 시작된 2차 십자군 원정에 강력한 동기를 부여했다. 그는 사람들에게 이교도를 제압하고 성지를 탈환할 것을 촉구했다. 그러나 1130년대에 유럽 내에서 유대인들에 대한 무차별 폭력과 학대가 이루어질 때 그들 편에 서서 연설을 했던 것은 분명하다.

127 단테, 『신곡 천국』, 김운찬 옮김, 열린책들, 2009, 99-100쪽.

128 존 켈리, 『흑사병 시대의 재구성』, 이종인 옮김, 소소, 2006, 389-390쪽.

7장

129 제프리 초서, 『캔터베리 이야기』, 송병선 옮김, 서해문집, 2007, 부분 발췌.

130 필립 지글러, 『흑사병』, 한은경 옮김, 한길사, 2003, 32쪽.

131 존 켈리, 『흑사병 시대의 재구성』, 이종인 옮김, 소소, 2006, 43쪽. 흑사병이 일어난 피해를 현대 사회와 비교한다면 핵전쟁이 일어나고 19억 명이 사망한 사건으로 비유할 수 있다. 만일 현대 사회에서 그런 일이 일어난다면 돌이킬 수 없는 엄청난 재앙이 될 것이다. IMF 사태를 겪거나 4월 16일의 세월호 비극으로 인해 한 사회의 가치관과 분위기가 바뀌었다. 하물며 인류의 20억이 죽는 상황을 경험한다면 한 시대 자체가 변하는 엄청난 사건임에 틀림없다.

132 존 켈리, 『흑사병 시대의 재구성』, 이종인 옮김, 소소, 2006, 41쪽.

133 필립 지글러, 『흑사병』, 한은경 옮김, 한길사, 2003, 77쪽.

134 조반니 보카치오, 『데카메론』, 한형곤 옮김, 동서문화사, 2016, 16쪽.

135 존 켈리, 『흑사병 시대의 재구성』, 이종인 옮김, 소소, 2006, 398-399쪽.

136 조반니 보카치오, 『데카메론』, 한형곤 옮김, 동서문화사, 2016, 19-21쪽.

137 알베르 까뮈, 『페스트』, 김화영 옮김, 책세상, 1998, 184-185쪽.

8장

138 제프리 초서, 『캔터베리 이야기』, 송병선 옮김, 서해문집, 2007, 일부 편집.

139 윌리엄 랭글런드, 『농부 피어스의 꿈』, 김정애 옮김, 지만지, 2009, 54-55쪽.

140 제프리 초서, 『캔터베리 이야기』, 송병선 옮김, 서해문집, 2007, 79쪽. 이 이야기는 목수의 이야기다. 한 사람이 천문학을 공부해서 하나님의 비밀을 알아내려고 한다. 이것을 불경한 행위라고 생각한 그는 막으려고 한다.

141 제프리 초서, 『캔터베리 이야기』, 김진만 옮김, 동서문화사, 2013, 184쪽. '인간의 도덕적으로 뛰어난 성품'은 단테가 말하는 '귀족'의 정의였다.

142 제프리 초서, 『캔터베리 이야기』, 김진만 옮김, 동서문화사, 2013, 28-29쪽.

143 제프리 초서, 『캔터베리 이야기』, 송병선 옮김, 서해문집, 2007, 25쪽.

144 움베르토 에코, 『장미의 이름』 상권, 이윤기 옮김, 열린책들, 2006, 68쪽.

145 윌리엄 피터슨 · 랜디 피터슨, 『말씀의 힘』, 서희연 옮김, 엔크리스토, 2008, 36쪽.

9장

146 제프리 초서, 『캔터베리 이야기』, 김진만 옮김, 동서문화사, 2013, 589-590쪽.

147 찰스 디킨스, 『크리스마스 캐럴』, 이은정 옮김, 펭귄클래식코리아, 2008, 186쪽.

148 제프리 초서, 『캔터베리 이야기』, 김진만 옮김, 동서문화사, 2013, 516쪽.

149 제프리 초서, 『캔터베리 이야기』, 김진만 옮김, 동서문화사, 2013, 626쪽.

150 마크 트웨인, 『아서 왕 궁전의 코네티컷 양키』, 김영선 옮김, 시공사, 2010, 141쪽.

151 마크 트웨인은 그의 자서전에서 밝히기를, 중세 기사도 문학을 표현한 월터 스콧(Walter Scott)의 『아이반호(*Ivanhoe*)』 같은 부류의 작품들을 혐오했다. 그런 작품들은 중세의 실체를 왜곡하게 만든다고 생각했기 때문이다.

152 마크 트웨인, 『아서 왕 궁전의 코네티컷 양키』, 김영선 옮김, 시공사, 2010, 82-83쪽.

153 마크 트웨인, 『아서 왕 궁전의 코네티컷 양키』, 김영선 옮김, 시공사, 2010, 86-87쪽.

154 마크 트웨인, 『아서 왕 궁전의 코네티컷 양키』, 김영선 옮김, 시공사, 2010, 175-176쪽.

155 마크 트웨인, 『아서 왕 궁전의 코네티컷 양키』, 김영선 옮김, 시공사, 2010, 337쪽.

156 주경철, 『히스토리아』, 산처럼, 2012, 292-293쪽.

157 일명 '스콥스 재판(Scopes trial)'으로 알려진 '원숭이 재판'은 1925년 7월 21일에 미국 테네시 주의 과학 교사였던 존 스콥스(John Scopes)를 재판한 사건이다. 공립학교에서 진화론을 가르치지 못하도록 규정한 테네시 주의 법률을 어기고 진화론을 가르쳤던 스콥스를 고소한 사건이다. 이 재판은 1925년임에도 불구하고 미국 전역에 라디오로 생중계될 만큼 관심이 높았다.

158 박양규, 『청소년을 위한 하이델베르크 교리문답 1』, 새물결플러스, 2016, 144-145쪽.